누구나
한번쯤
읽어야할
삼강오륜

누구나 한번쯤
읽어야 할 삼강오륜
개정1판 1쇄 인쇄 2024년 03월 14일
개정1판 1쇄 발행 2024년 03월 20일

엮은이 | 미리내공방
펴낸이 | 최윤하
펴낸곳 | 정민미디어
주 소 | (151-834) 서울시 관악구 행운동 1666-45, F
전 화 | 02-888-0991
팩 스 | 02-871-0995
이메일 | pceo@daum.net
홈페이지 | www.hyuneum.com
편 집 | 미토스
표지디자인 | 강희연
본문디자인 | 디자인 [연;우]

ISBN 979-11-91669-62-6 (03190)

삶을 일깨우는 고전산책 시리즈 05

누구나 한번쯤 읽어야 할 삼강오륜

미리내공방 편저

읽으면 힘을 얻고
깨달음을 주는 지혜의 고전

정민
미디어

머리말

삼강오륜三綱五倫이란 유교의 도덕사상에서 기본이 되는 세 가지 강령綱領과 다섯 가지 인륜人倫을 말한다.

삼강은 군위신강君爲臣綱, 부위자강父爲子綱, 부위부강夫爲婦綱을 말한다. 이는 임금과 신하, 부모와 자식, 남편과 아내 사이에서 마땅히 지켜져야 할 도리다.

오륜은 《맹자孟子》에 나오는 부자유친父子有親, 군신유의君臣有義, 부부유별夫婦有別, 장유유서長幼有序, 붕우유신朋友有信 등 다섯 가지를 말한다. 이는 아버지와 아들 간의 사랑, 임금과 신하 간의 의리, 부부 사이의 분별, 어른과 아이 사이의 질서, 친구 간의 믿음이 곧 인륜임을 뜻한다.

삼강오륜은 원래 중국 전한前漢 시대 때의 유학자 동중서董仲舒가 공자와 맹자의 교리에 입각하여 삼강오상설三綱五常設을 논한 데서 유래되었다. 그 후 삼강오륜은 중국뿐만 아니라 우리나라에서도 오랫동안 사회의 기본 윤리로 존중되었다.

사람이 사람다워지려면 덕과 예절이 있어야 하고, 충성과 효심을 두루 갖추어야 한다. 이것은 우리의 오래된 관념이자 관습인데, 이런 사상이 삼강오륜에 모두 담겨 있다고 해도 과언이 아니다. 따라서 삼강오륜의 정신은 오늘날 각박한 삶을 사는 이들에게 사람답게 사는 도덕적 인생의 길잡이 역할을 하기에 손색없을 것이다. 또한 한창 질풍노도의 시기에 휩싸인 청소년들에게는 맑은 샘물 같은 역할을 해줄 것이다.

이 책에서는 삼강오륜이 담고 있는 의미를 쉽게 풀어 전달하고자 했다. 따라서 삼강오륜의 각 덕목에 걸맞은 동서양의 이야기를 두루 모아 그 뜻이 자연스럽게 이해되도록 구성했다. 이로써 한 토막의 이야기를 다 읽었을 때마다 삼강과 오륜에 담긴 교훈이 무엇인지를 명확히 각인되도록 했다.

각박하다 못해 살벌하기까지 한 오늘날, 의리와 사랑 그리고 예의와 충심의 진정한 의미를 새삼 되새기는 시간을 가져보자. 한 번 주어진 일생을 잘 살고자 하는 이들에게, 특히 나름의 비전으로 인간관계를 펼쳐나갈 청소년들에게 이 책의 일독을 권한다.

미리내공방

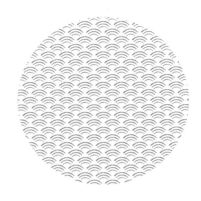

차 례

君爲臣綱

군위신강

父爲子綱

부위자강

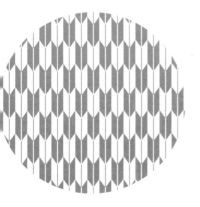

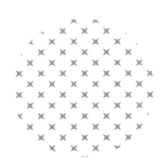

五倫

夫爲婦綱
부위부강

父子有親
부자유친

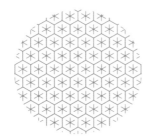

君臣有義

군신유의

夫婦有別

부부유별

長幼有序

장유유서

朋友有信

붕우유신

三綱

삼
강

임금과 신하, 어버이와 자식, 남편과 아내 사이에
마땅히 지켜야 할 도리

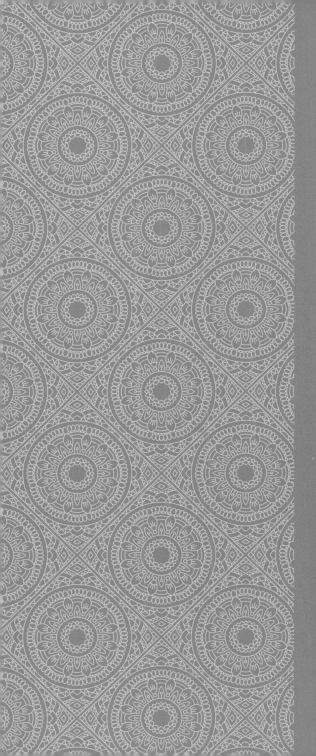

君爲臣綱

군위신강

임금은
신하의 본보기가
되어야 한다.

君
爲
臣
綱

序

　예로부터 태평성대를 이룬 임금은 훗날 성군으로 불리곤 했다. 임금 스스로 향락과 사치를 멀리하여 신하들에게 모범을 보이면서 태평한 나라를 만든 까닭이다. 거꾸로 폭군이 태평성대를 이룬 예는 찾아볼 수 없는데, 폭군 밑에는 반드시 간신이나 모략꾼이 들끓었기 때문이다.

　이러한 역사의 교훈은 오늘날에도 그대로 적용된다. 진정 일말의 사심도 없는 맑은 지도층이 나라를 이끈다면 그 밑에서 공무를 수행하는 사람들 역시 맑은 마음으로 일할 터인데, 아쉽게도 우리에게는 그런 지도자가 별로 없지 싶다.

　기업도 마찬가지다. 대표가 앞장서서 모범적으로 이끄는 기업은 아무리 경제 여건이 좋지 않아도 끝까지 살아남는다. 반면 비자금이나 챙기고 회사 자금을 마치 자기 지갑 속 돈처럼 여기는 대표의 기업은 반드시 망하고 만다.

　이런 점에서 군위신강은 우리 모두가 바로 지금 더 절실하게 배워야 하는 교훈이다.

법 앞에 모범을
보인 효공

　—

　전국 시대 때의 위魏나라 사람 상앙은 진秦나라 효
공孝公에게 발탁되어 재상을 지냈다.

　당시 여러 나라를 흡수 통일한 진나라는 나라 안팎으로 어수선
했는데, 그런 탓에 중앙에서 하달된 명령은 빈번히 하급에까지 미
치지 못했다.

　어느 날, 상앙이 효공에게 아뢰었다.

　"지금 이 상태로는 나라를 온전하게 끌고 갈 수가 없습니다. 강
력한 법치로써 나라를 다스리지 않는다면 앞으로 큰 혼란이 벌어
질 것입니다."

　효공은 상앙의 말에 고개를 끄덕였다.

"나도 그리 생각하오. 하지만 백성들은 아직 법이라는 것에 익숙해 있지 않소. 그 때문에 설령 법을 만들어 공포해도 잘 지켜지지 않을 것인데, 그래서 내 지금 망설이고 있는 중이오."

상앙은 철저한 법치주의자로서, 강력한 법 집행을 통해 부국강병을 꾀해야 한다고 생각했다. 그런 그에게는 당연히 법을 집행하는 데 필요한 나름의 묘안이 있었다.

"법을 집행하는 일은 걱정하지 마십시오. 제게 확실한 묘책이 있습니다. 일단 지금부터 법을 제정하는 일 먼저 착수하겠습니다."

상앙은 나라 사정을 조목조목 따져 수많은 법 조항을 만들었다. 그런 뒤 이를 효공에게 올렸다. 효공은 상앙이 만든 법들을 살펴보고는 대단히 만족스러워했다.

"참으로 훌륭하오. 지금 곧 공포하도록 하시오."

"아닙니다. 법을 공포하는 일은 조금 미뤄두는 것이 좋겠습니다. 그 전에 백성들에게 법을 지키도록 하는 믿음을 심어줄 필요가 있습니다."

"그렇지. 이 나라 백성들은 법이라는 것을 가져보지 못했기에 그게 잘 지켜질지 의문이긴 하지."

"전에 말씀드린 묘책을 이제 실행하겠습니다."

상앙은 어전에서 물러나와 즉시 남문으로 갔다. 그는 성벽에 기다란 막대기 하나를 세워놓은 뒤 성문 위에 방문榜文 하나를 써

붙였다.

'이 나무를 북문으로 옮겨놓는 자에게 금화 오십 냥을 줄 것이다.'

사람들은 이 엉뚱한 방문을 그저 흘깃거리기만 할 뿐 좀처럼 믿지 않았다.

"저런 터무니없는 장난을 하다니? 에잇, 몹쓸 관리놈들!"

며칠 뒤, 호기심 많은 한 사람이 드디어 나섰다.

'속는 셈 치고 한번 해보지, 뭐.'

그는 남쪽 성문에 세워져 있던 막대기를 북문으로 옮겼다. 그러자 나라에서는 약속대로 그에게 금화 50냥을 상금으로 내렸다. 이 소문은 한순간 나라 전체에 퍼졌다.

"그게 장난이 아니었다고? 허허, 거참 별일도 다 있네."

그 뒤, 상앙은 적당한 때를 잡아 마침내 법률을 공포했다. 그때 국법을 하찮게 여기는 사람은 많지 않았다.

어느 날 태자가 국법을 어겼다. 조정의 아첨꾼들은 의당 태자의 죄를 용서해야 한다고 주장했다. 백성들 또한 태자가 벌을 받을 것이라고는 생각하지 않았다. 그때 상앙이 효공에게 아뢰었다.

"만일 지금 태자마마의 죄를 사한다면, 앞으로 국법은 물론이고 폐하의 말씀조차도 믿으려 하지 않을 것입니다. 스스로 모범을 보이시어 이 나라에 법이 정착할 기틀을 마련하소서."

효공은 상앙의 충언을 받아들여 태자에게 죄에 상응하는 벌을 내렸다. 이렇게 하여 진나라에서는 좀 더 강력한 법이 실행될 수 있었다.

허수아비로
얻은 화살

二

  당唐나라 현종玄宗은 즉위 후 나라를 잘 다스려 태평성대를 이루었다. 그러나 어느 순간 천하태평에 취한 나머지 정사를 게을리하기에 이르렀다. 그는 급기야 매일 잔치를 벌이며 가무와 여색에 빠졌다.

  앞날을 염려한 충신들은 하루가 멀다 하고 찾아와 충언했지만 현종은 오히려 양귀비楊貴妃를 궁궐로 불러들였다. 그는 양귀비 오빠들의 간계에 빠져 당시 병졸에 불과하던 안녹산安祿山을 등용하는 과오를 범했다.

  이후 안녹산은 자신의 관할지에서 몰래 군사들을 훈련시켰고, 훗날 15만 명의 대군을 움직여 역모했다. 이게 바로 '안사安史의

난'이다.

역모가 일어나자 전국 각 고을의 관리들은 역적과 맞서 싸울 생각은 하지 않고 그저 자기 목숨 부지하려고 내빼기 일쑤였다. 심지어 영악한 관리들은 아예 순순히 백기를 들고 나와 안녹산의 반란군에 가담했다. 반란군의 기세는 그야말로 파죽지세였다. 전국의 성 대부분이 한순간 안녹산의 수중에 들어가고 말았다.

그러나 난세에도 충신은 있는 법! 옹구성의 장군 장순張巡이 바로 그런 인물이다.

반란군의 장수 영호조令狐潮는 군사를 이끌고 옹구성을 포위한 채 항복을 강요했다. 하지만 장순은 성을 지키다가 장렬히 전사할 각오로 버티었다. 그는 반란군 진영을 바라보며 생각했다.

'내 병력으로는 저들을 막을 수가 없다…… 무엇보다 화살이 부족해서 제대로 싸울 수 없다. 이 일을 어찌하면 좋단 말인가…… 어떻게든 부족한 화살을 속히 보충하여 저 역적들을 내몰아야 한다!'

장순은 여러 시간 고심을 거듭한 끝에 마침내 묘책 하나를 떠올렸다.

"지금 즉시 허수아비를 만들어라!"

이 난리 통에 갑자기 허수아비를 만들라니! 어안이 벙벙해진 병사들은 그러나 명령대로 급히 수백 개의 허수아비를 만들었고, 허수아비들마다 검은 천으로 옷도 만들어 입혔다.

허수아비들이 모두 완성되었을 때 어둠이 내리깔리기 시작했다.

"음, 하늘이 나를 도우시는구나!"

장순은 쾌재를 부르며 허수아비들을 모두 밧줄로 묶게 했다. 그런 다음 그것들을 성 위에서 아래로 길게 걸어놓도록 했다. 그 모습은 어렴풋이 반란군에 노출되었다.

"아니 저게 뭐야? 감히 급습을 하겠다고?"

영호조는 장순의 병사들이 성벽을 타고 내려오는 줄 알고 급히 명령했다.

"화살을 퍼부어 저 어리석은 놈들을 모조리 죽여라!"

이튿날 아침, 영호조는 그제야 장순에게 속았음을 깨달았다. 성 밑에는 병사의 시체가 단 한 구도 없었다. 멀쩡한 화살을 수없이 허수아비에 꽂아 바친 셈이었다.

며칠 뒤, 사위가 흐리멍덩한 밤에 장순은 검은 옷을 입힌 정예군 500여 명을 성 아래로 내려 보냈다. 이 모습 역시 반란군의 눈에 띄엄띄엄 들어갔다.

"흥! 또 속을 줄 알고? 이번에는 어림없다!"

반란군은 이번에도 허수아비인 줄 알고 화살 하나 날리지 않았다. 사위는 갈수록 칠흑이 되었고 그 틈을 타 500여 명의 정예군은 비호처럼 산을 넘었다. 그러고는 반란군의 진영을 급습하여 적을 타진했다.

이 소식을 전해 들은 전국 각지의 관리들은 힘을 얻었고, 이후 사력을 다해 반란군에 대항했다. 안녹산의 군대는 점차 힘을 잃더니 마침내 모두 진압되었다.

결과적으로 현종의 타락한 정치 때문에 수많은 백성과 관리가 고난을 당해야 했다. 현종은 간신들의 달콤한 말에 휩싸여 올바른 정사를 펼치지 못했는데, 하루는 안녹산에게 물었다.

"너는 어찌하여 그리도 배가 불룩한가? 대체 그 배 속에는 무엇이 들어 있는가?"

안녹산은 주저 없이 대답했다.

"오직 충성심만이 가득 들어 있을 뿐입니다."

이미 귀와 눈이 먼 현종은 호탕하게 웃으며 안녹산을 더욱 가까이했고, 그로써 훗날 수많은 사람의 피를 보아야 했다.

황희 정승의
바른 처사

三

　　황희黃喜 정승은 상황에 따라 적절하고도 당당한 처신을 하여 아랫사람들과 백성들에게 귀감을 보인 인물이다.

　　한번은 황희 정승이 집에 머물며 책을 읽고 있는데, 하인 하나가 찾아와 뵙기를 청했다. 방에 들어온 하인은 몹시 상기된 얼굴로 말했다.

　　"오늘 아침에 함께 일하는 하인 하나가 잘못해서 꾸짖었더니 오히려 제게 화를 내며 대들었습니다. 저는 평소 주인어른의 가르침대로 잘못이 있을 때 지적해주었던 것인데, 그는 반성하기는커녕 오히려 제게 욕설을 퍼부으며 달려드니 어찌하면 좋겠습니까? 제 힘으로는 안 될 것 같으니 주인어른께서 꾸짖어주십시오."

황희 정승은 고개를 끄덕였다.

"알겠다. 네 말이 옳으니 이제 나가서 일을 보거라."

하인이 물러가고 난 뒤 이내 또 다른 하인이 들어와서 호소했다.

"저는 너무 억울합니다. 오늘 아침에 있었던 일은 제 잘못이 아닙니다. 좀 전에 와서 주인어른께 고했던 그자의 잘못이 더 큽니다. 그런데 그자가 옳다고 하셨다니, 저는 너무 억울합니다."

황희 정승은 이야기를 다 듣고는 또 고개를 끄덕였다.

"오냐, 알았다. 네 말도 옳으니 이제 가서 일을 보거라."

하인이 물러가자 이번에는 황희 정승의 조카가 들어와 의아한 표정으로 물었다.

"숙부님, 도대체 그런 말씀이 어디 있습니까? 하인 두 사람이 다 투었다면 필시 한쪽이 잘못했을 터인데 모두 옳다고 하신 것은 이해가 되지 않습니다."

조카의 말에 황희 정승은 이번에도 가만히 고개를 끄덕였다.

"그래, 네 말도 옳구나."

이처럼 황희 정승은 사소한 집안일을 놓고 굳이 잘잘못을 따지려 하지 않았다. 하인들의 싸움도 시비를 가리려고 마음먹었다면 분명 잘못한 쪽을 탓할 터이지만 그는 굳이 그렇게 하지 않고 모두를 보듬었다. 집안사람들 간에 사소한 시비를 가려 서로 반목하게 하는 것보다는 화합이 더 중요하다고 생각했기 때문이다.

그러나 공적인 일에서는 확연히 달랐다.

하루는 황희 정승이 궁궐에 남아 여러 대신과 늦도록 업무를 보고 있었다. 저녁 시간이 되었지만 식사할 겨를도 없이 논의가 계속되었다. 좀처럼 회의가 끝날 것 같지 않자 김종서는 잠시 밖으로 나와 자신의 하인에게 말했다.

"오늘 집에서 저녁 먹기는 틀린 것 같구나. 그러니 얼른 집으로 가서 음식을 만들어 이리로 가져오너라. 여러 대신과 함께 먹을 것이니 음식을 넉넉히 마련하라 일러라."

잠시 후 김종서의 집에서 만든 음식이 궁궐 집무실로 들어왔다. 그러자 황희 정승이 김종서에게 대로했다.

"그대는 정녕 정신이 있는 사람인가? 궁궐 안에는 엄연히 예빈시_{禮賓寺. 조선 시대 국가의 손님을 대접하고 왕의 종친들과 재상들에게 식사를 제공하던 관청}가 있거늘 어찌하여 사사로이 자기 집에서 음식을 만들어 온단 말인가?"

황희 정승은 김종서의 잘못된 행동을 국법으로 다스리겠노라 엄포를 놓았다.

이처럼 황희 정승은 집안일과 달리 나랏일은 지극히 엄정히 임했다. 공적 일에서 비록 그 동기가 순수하더라도 원칙에 어긋나기 시작하면 훗날 걷잡을 수 없는 혼란에 빠질 것임을 우려했던 것이다.

황금에 눈이 먼
미다스

四

그리스 신화에 나오는 프리지아의 왕 미다스. 그의 아버지이자 선왕 고르디아스는 원래 농부였는데, 느닷없이 백성들의 추대를 받아 왕이 되었다. 고르디아스가 왕이 된 데는 다소 우스꽝스런 일화가 있다.

예로부터 프리지아에는 그들의 왕이 마차를 타고 올 것이라는 예언이 있었다. 그러던 어느 날 고르디아스가 자기 식구들을 마차에 태우고 프리지아 지방을 지나가게 되었는데, 갑자기 사람들이 몰려와 그를 왕으로 받들었던 것이다.

세월이 흘러 미다스는 아버지의 뒤를 이어 왕위에 올랐다. 미다스는 프리지아의 백성들을 편히 살게 하는 한편 여러 신을 공경하며 나라를 잘 이끌어갔다.

하루는 농부들이 술에 취한 노인 한 사람을 끌고 왔다. 그는 주신(酒神) 디오니소스의 스승이자 양아버지인 실레노스였는데, 술을 마시고 길을 잃어 프리지아 땅까지 들어오게 된 것이었다.

미다스는 노인이 디오니소스의 스승이라는 사실을 알고 열흘간 극진히 대접했다. 열하루째가 되는 날, 미다스는 노인을 디오니소스에게 데려갔다. 디오니소스는 매우 반가워하며 미다스에게 말했다.

"내가 그대에게 은혜를 입었으니, 그 보답으로 한 가지 소원을 말하면 들어주겠다. 진정으로 바라는 것이 있다면 말해보라."

미다스는 처음에는 몇 번 겸손하게 사양했으나, 점점 마음이 바뀌어 결국 소원 하나를 말했다.

"제 손에 닿는 모든 것을 황금으로 변하게 해주십시오."

너무나 황당한 소원이 아닐 수 없었다. 그것은 한순간 발동한 사욕으로, 자신뿐만 아니라 프리지아 백성들에게도 나쁜 일이 될 것이었다. 디오니소스는 미다스에게 다시 한 번 물었다.

"그것이 진정 그대가 바라는 소원인가?"

미다스는 주저하지 않고 대답했다.

"예, 그렇습니다."

'훨씬 더 나은 소원이 얼마든지 있을 텐데 이런 선택을 하다

니…… 참으로 유감스럽도다!'

결국 디오니소스는 미다스의 소원을 들어주었다.

미다스는 매우 기뻐했다. 하지만 미다스는 자신에게 주어진 기회를 제대로 활용하지 못하는 운명을 타고났다. 그는 불행하게도 그 사실을 까맣게 모르고 있었다.

프리지아로 돌아온 미다스는 디오니소스의 말이 사실인지 확인하기 위해 정원의 참나무 가지를 한번 꺾어 쥐었다. 그의 손에 닿은 나뭇가지가 일순간 황금으로 변해버렸다.

"오, 이런 일이! 주신의 말이 사실이었구나!"

그는 땅바닥에 널브러진 돌멩이를 집었다. 그러자 돌멩이가 황금덩이로 돌변했다. 그는 닥치는 대로 이것저것을 만졌다. 사과를 만지면 황금 사과가 되었고, 들판의 벼이삭을 한줌 쥐면 황금 낱알이 되었다.

기적 같은 일이 눈앞에 펼쳐지자 미다스는 좋아서 어쩔 줄 몰라 했다. 그는 왕실의 기둥을 만져 황금 궁전으로 만들고, 자신의 침대 또한 황금 침대로 만들었다. 그는 그렇게 한동안 정신없이 모든 것을 황금으로 바꾸었다. 그의 눈앞에는 이제 온통 황금뿐이었다. 하지만 동시에 그의 불행이 시작되었다.

"이렇게 좋은 날 가만히 있을 수 없지. 여봐라, 만찬을 준비하라!"

곧 미다스를 위한 만찬 상이 준비되었다. 그는 우선 먹음직스런 빵 하나를 집어 들었다. 그런데 이게 어찌된 일인가. 말랑말랑한 빵이 금세 딱딱한 황금 빵으로 변해버렸다. 그는 아쉬워하며 빵을 내려놓고 포크로 고기를 찍어 입안에 넣었다. 그러나 입속의 고기마저도 딱딱한 황금으로 변해 이내 뱉어야 했다.

"이런…… 포도주라도 마셔야겠다."

미다스는 디오니소스가 선물로 준 포도주를 마시려고 했다. 그러나 포도주마저 그의 입술 사이로 들어가자 금덩어리가 되어버렸다.

엄청난 부자가 되었지만 그는 아무것도 먹을 수가 없었다. 그제야 그는 자신의 불행한 미래를 깨달았다.

"아무것도 먹을 수 없다면 결국 죽음만이 나를 기다릴 터!"

미다스는 그길로 디오니소스에게 달려가 호소했다.

"제가 어리석었습니다. 나라와 백성을 생각하지 않고 한순간 탐욕에 눈이 멀어 그릇된 소원을 말씀드렸습니다. 이제 황금도 싫으니 제발 평범한 손으로 다시 바꾸어주십시오."

자비로운 디오니소스는 미다스에게 부여한 능력을 거두며 말했다.

"그대가 스스로 어리석음을 깨달았다니 이번 한 번만 용서해주겠다. 그대의 부질없는 욕망을 씻으려거든 팍톨로스강으로 가라. 그 강이 시작되는 곳까지 가서 그대의 머리와 몸을 담그면 다시 예전의 평범함을 되찾을 것이다."

　미다스는 디오니소스가 일러준 대로 팍톨로스강의 발원지로 가 온몸을 담갔다. 이내 강가의 모래가 모두 황금 알갱이로 변했고, 그는 다시 예전의 평범한 손을 되찾았다. 이 일로 말미암아 지금도 팍톨로스강 주변에서는 사금이 많이 채취된다고 한다.

엽전 한 냥의
의미

五

옛날 어느 고을에 박 대감이라는 사람이 살고 있었는데, 그는 덕이 많아 백성들의 존경과 사랑을 한 몸에 받았다. 그는 높은 관직에 있는 고귀한 신분이었지만, 길바닥에 떨어진 아무리 하찮은 물건이라도 쓸모 있다 싶으면 체면 불고하고 무조건 줍고 보았다.

하루는 박 대감이 하인을 거느리고 마을 동구 밖을 지나다가 길바닥에 떨어져 있는 동전 한 닢을 발견했다. 역시나 그는 얼른 엽전을 주워 들었다. 그 엽전은 한쪽 귀퉁이가 떨어져 나간 것이었다. 그는 온전치 못한 엽전을 하인에게 건네며 말했다.

"지금 대장간으로 가서 이 엽전을 깨끗하게 땜질해 오너라."

하인은 엽전을 들고 얼른 대장간으로 달려갔다.

얼마 뒤, 하인이 말끔히 마감한 엽전을 박 대감에게 건네며 말했다.

"대감마님, 궁금한 게 하나 있습니다."

"그래, 말해보거라."

"방금 대장간에서 이 엽전을 고치느라 석 냥의 수선비가 들었습니다. 한 냥을 손보려고 석 냥을 쓴다는 건 분명 손해인데, 대감마님께서는 어찌 제게 그런 일을 시키셨는지요?"

박 대감은 진지한 표정으로 대답했다.

"네 말도 맞다. 하지만 석 냥을 주고서라도 이 엽전을 고쳐 쓴다면, 작게는 내 돈 한 냥을 살리는 것이고, 크게는 이 나라 전체의 돈 가운데 한 냥을 살리는 일이 된다. 못 쓰는 엽전이라도 그냥 버리면 결국 나라의 돈 한 냥이 줄지 않겠느냐?"

"그래도 대감마님께서는 여전히 두 냥을 손해 보는 일이 아닙니까?"

"꼭 그런 것만도 아니다. 이 엽전이 다시 쓰일 수 있게 했으니, 작지만 나라의 재정이 그만큼 낭비되지 않았고, 또 대장장이도 수입이 늘었으니 크게 보아서는 나라 경제에 득이 되지 않았느냐? 이 모든 것을 엽전 석 냥을 주고 이루었으니 어찌 손해라고만 할 수 있겠느냐?"

하인은 비로소 감탄하며 고개를 끄덕였다.

이처럼 박 대감은 아랫사람들에게 손수 모범을 보이며 유익함을 줌으로써 늘 존경을 받았다.

강한 군주가
강한 나라를 만든다

六

중국 전국 시대 때, 위나라의 문후文侯는 나라가
강대해지기 위해서는 정예 군사뿐만 아니라 백성들도 기본적으로
무기를 다룰 줄 알아야 한다고 생각했다. 문후는 기회 있을 때마다
강조하곤 했다.

"이 혼란한 시기에 백성들 스스로가 자기 목숨을 지켜 살아남는
것도 중요하다. 이는 결국 나라의 힘을 기르는 일이기도 하다."

이 같은 왕의 뜻을 받들고자 충신 하나가 묘안을 생각해냈다.
그는 이회李悝라는 자였는데, 자신이 태수로 있는 마을 사람들에
게 말했다.

"이제부터 시비를 가리기 어려운 소송건의 경우, 활쏘기 시합으

로 판결을 내릴 것이다. 즉, 한 번씩 쏜 화살 중 누구의 것이 더 과녁에 가까운지, 그것으로 옳고 그름을 따질 것이니 모두 그리 알라!"

이후 마을 사람들은 누가 시키지 않았는데도 틈틈이 활쏘기 연습을 했다. 그렇게 마을 사람 모두에게 활쏘기는 일상이 되었다. 이는 곧 다른 마을에까지 퍼져 마침내 나라 안의 모든 백성이 활을 다룰 줄 알게 되었다.

그러던 어느 날, 진나라가 위나라를 공격해 들어왔다. 그러나 진나라는 위나라에 참패하고 물러났다. 그 어느 지역을 공격해도 백성들이 피난할 생각은커녕 도리어 모두 활을 들고 나와 대항했기 때문이다. 문후가 생각한 바대로 백성들은 스스로 강해졌고 마침내 나라 또한 강해진 것이다.

쓸개를 핥으며
다진 복수심

七

오吳나라의 왕 부차夫差가 마침내 새 노비를 자신의 궁궐에 들였다. 그 노비는 바로 오나라와의 전쟁에서 패한 월越나라 왕 구천句踐이었다.

구천은 일말의 자존심조차 버린 채 한순간도 쉬지 않았다. 비록 예전에는 왕이었지만 그 모든 것을 잊고서 오로지 말에게 먹일 여물을 썰고 물을 긷고 마당을 쓰는 일에만 열중했다.

구천은 3년간 부차에게 충성을 다했고, 마침내 부차는 구천을 풀어주었다.

"하하하, 완전히 노비생활에 젖어버렸으니 이제 더는 그 몸으로 내게 대항하지 못할 것이다!"

구천은 오나라로 돌아오자마자 복수하기 위해 작은 것부터 하나씩 준비해 나아갔다. 우선 폐허가 된 나라를 살리기 위해 전국을 돌아다니며 인재들을 모았다. 한편, 군사를 훈련시키는 데도 엄청난 노력을 기울였다. 또한 백성들에게 모범을 보이고자 몸소 밭에 나가 일했다.

몇 년 뒤 월나라의 국력은 급격히 신장되었다. 그러나 구천은 한순간도 긴장을 풀지 않았다. 그는 밤마다 짚으로 만든 돗자리를 깔고 잤는데, 수시로 방에 걸어둔 쓸개를 핥으며 부차를 향한 복수를 다짐했다. 여기서 나온 말이 바로 '와신상담臥薪嘗膽'이다.

그렇게 20년이 흘렀다. 이제 월나라는 막강한 힘과 재물을 가진 나라로 성장했다. 하지만 오나라는 그 반대였다. 오나라 왕 부차는 수많은 여인을 거느리며 방탕한 나날을 보냈다. 구천은 이를 알고 월나라에서 최고 미인인 서시와 정단이라는 여인을 부차에게 보냈다.

"오, 역시 나에 대한 충성심은 변함이 없구나!"

부차는 여전히 우월감에 젖어 있었다. 그는 두 여인의 미모에 빠져 매일 향락을 즐겼다.

얼마 뒤, 구천은 다시 우람한 나무를 베어 기술 좋은 목수를 딸려 부차에게 바쳤다. 부차가 고소대姑蘇臺라는 휘황찬란한 궁전을 증축한다는 소식을 들었기 때문이다.

그야말로 부차는 고삐 풀린 망아지였다. 주색에 빠져 정사를 소홀히 하는 부차에게 충신들이 바른 말로 간하기도 했으나 듣지 않았다. 오히려 천하 제패의 야망만 앞세워 주변국을 공격하라 닦달하면서 정작 자신은 방탕한 생활을 계속했다.

마침내 구천에게 복수의 기회가 왔다. 오나라에 지독한 가뭄이 든 것이다. 들판의 곡식은 거의 말라죽고, 얼마 지나지 않아 곡물 창고마저 바닥났다.

'지금이야말로 공격할 때다!'

구천은 즉시 오나라로 쳐들어갔다. 오나라는 이제 월나라의 상대가 될 수 없었다.

구천은 부차를 붙잡아 고소대에 가두었다. 얼마 전까지만 해도 부차 자신이 연회를 베풀며 즐기던 곳이었다. 하루아침에 천하의 웃음거리가 된 부차는 결국 초라한 신세를 더는 견디지 못한 채 자결했다.

참새고기를 놓고
시 짓기

八

옛날에 고약한 심보를 가진 최 부자라는 구두쇠 노인이 살고 있었다. 그는 하인을 수십 명씩 거느리고 있었지만, 그들에게 모범을 보이기는커녕 어떻게 하면 새경을 한 푼이라도 덜 줄까 궁리했다.

폭설로 세상이 뒤덮이다시피 한 어느 겨울 아침, 최 부자는 하인 한 명을 거느리고 사냥에 나섰다.

"이렇게 눈이 많이 쌓였으니 제아무리 빠른 토끼도 쉽게 도망가지 못할 것이다."

최 부자는 입을 실룩거리며 비열하게 웃었다. 하인과 함께 멀리 산 밑 들판으로 나간 최 부자는 덫을 놓고 토끼가 나타나기만을 기다렸다. 하지만 오전 내내 토끼는 그림자도 보이지 않았다.

어느덧 점심때가 되었다. 최 부자는 슬슬 배가 고팠으므로 준비해 온 주먹밥을 꺼냈다. 물론 자기 혼자만 먹고, 하인에게는 한 입 떼어줄 생각조차 하지 않았다.

'지독한 늙은이 같으니, 밥 한 톨 안 주다니!'

하인은 최 부자가 야속했지만 대놓고 불평할 수는 없었다.

오후 들어서도 토끼는 덫에 걸려들지 않았다. 그저 눈먼 참새 한 마리가 덫에 걸렸을 뿐이었다.

"오늘 사냥은 이것으로 끝내자. 아쉽지만 이 참새나 구워 먹고 내려가자."

아침에 나와 하루 종일 아무것도 먹지 못한 하인은 얼른 나뭇가지를 끌어모아 불을 지핀 뒤 참새를 구우며 입맛을 다셨다.

'이거라도 빨리 구워 먹어야지. 배가 고파서 더는 못 참겠다.'

참새고기가 익어가자 하인은 코를 벌름거렸다. 맛있는 냄새가 솔솔 풍기자 최 부자는 슬슬 딴마음을 품었다. 고기가 다 익으면 하인과 똑같이 나누어 먹을 생각이었으나, 기막힌 냄새가 코를 찌르자 그 못된 욕심이 발동한 것이다.

'흥! 머슴 주제에 감히 주인이랑 같이 고기를 뜯을 순 없지. 어떻게든 나 혼자 먹어야겠는데……'

최 부자는 참새고기를 독차지하려고 머리를 짜냈다.

"우리 내기를 해서 이긴 사람이 이 고기를 다 먹기로 하면 어떻겠느냐?"

"내기요?"

"그래. 한 점밖에 안 되는 참새고기를 나눠 먹어봐야 성에 차겠느냐? 마침 눈도 오고 했으니 설경을 소재로 시 한 수씩 짓기로 하자."

최 부자는 무식한 하인이 시를 짓지 못한다는 약점을 이용해 엉뚱한 내기를 제안한 것이다.

'저 영감의 욕심은 끝이 없구나. 그래, 어디 한번 두고 봐라!'

하인은 주인을 골탕 먹일 요량으로 흔쾌히 내기 제안에 응했다.

최 부자는 눈을 지그시 감고 시상을 떠올리기 시작했다. 잠시 후 시를 읊으려고 눈을 뜬 최 부자가 펄쩍 뛰었다. 참새고기가 감쪽같이 사라졌는데, 그가 눈을 감고 있는 동안 하인이 날름 고기를 먹어치운 것이다.

"아니, 이런 망할 놈! 시도 짓기 전에 고기를 혼자 다 먹어버리면 어떡하느냐?"

최 부자가 버럭 화를 내자 하인은 입 주변을 소매로 쓱 닦으며 말했다.

"전 벌써 시를 다 지었으니 제가 이긴 것이죠."

"뭐야? 네 놈이 무슨 재주로 시를 지었다는 게냐? 그럼 어디 한번 읊어보아라."

하인이 빙긋 웃으며 시를 읊었다.

"아직도 주인어른께서는 시를 짓고 계시네. 고기는 벌써 다 먹었는데. 정말이지 참새고기는 꿀맛이라네."

"그게 끝이냐?"

"예."

최 부자는 어이가 없어 입을 다물지 못했다.

"네 이놈! 그 따위가 무슨 시냐?"

최 부자가 또 한 번 버럭 소리를 지르자 하인이 태연히 말했다.

"시라는 게 별건가요? 그럼 주인어른 같으면 하루 종일 아무것도 먹지 못한 상황에서 이렇게 맛있는 고기를 앞에 두고 어떤 시를 지으시겠습니까?"

"그, 그야……."

최 부자는 마땅히 대답할 말이 없어 뒷말을 얼버무렸다. 자기 꾀에 넘어간 최 부자는 씁쓸한 표정으로 입맛만 다셔야 했다.

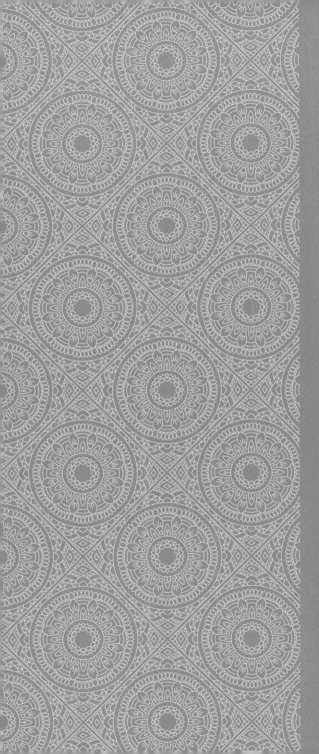

父爲子綱

부위자강

부모는 자식의
본보기가
되어야 한다.

父爲子綱

　시대가 바뀌었다 한들 여전히 아버지는 한 가정의 중심에 있다. 가족을 부양하고, 자식들을 이끌어가는 아버지는 오늘날에도 그 역할이 막중하다.

　아이들은 아버지를 통해 세상을 배운다. 아이들에게 아버지는 세상을 바라보는 창 같은 존재이다. 아버지는 아이들이 세상을 올바르게 깨닫도록 유도하는 매개자이자 선도자이다.

따라서 아버지는 모범적이어야 한다. 아이들에게 귀감이 되지 않으면, 아이들이 세상을 똑바로 바라볼 수 없다. 한 가정에서 아버지가 차지하는 비중은 예나 지금이나 크다.

스스로 매를 번
구두쇠

―

대대로 구두쇠 노릇을 하여 엄청난 재산을 모은 수전노 집안이 있었다. 그 집안사람들은 인심이 고약했으므로 당연히 마을 사람들과 척을 지고 있었다. 그런 탓에 그들은 되도록 바깥출입을 삼가고 주로 널찍한 집 안에서만 지냈다. 물론 아무리 남의 이목이 있더라도 돈 되는 일이라면 물불을 가리지 않고 달려들었다.

그 집안에는 이상한 가풍이 하나 있었는데, 그것은 승려를 멀리하는 것이었다.

"중놈들은 세상에서 모두 없어져야 돼. 빈둥빈둥 놀면서 남의 밥이나 축내려는 게으름뱅이들이니까 말이야."

수전노 집안의 제일 웃어른은 황 부자라는 노인이었는데, 그는 늘 이런 식으로 승려들을 욕하곤 했다.

어느 날, 황 부자의 집 대문 앞에서 승려 하나가 목탁을 두드렸다. 그러자 황 부자가 튀어나와 소리쳤다.

"아니, 이 양반이 우리 집 가풍도 모르고 찾아왔나? 지금 나한테 시주하라는 말인가? 어림없는 소리, 썩 물러가시오!"

미처 황 부자 집에 대한 소문을 듣지 못하고 찾아온 승려는 영문을 몰라 어리둥절한 표정으로 물었다.

"소승은 이 댁의 가풍이 무엇인지 모르고 왔습니다만, 이왕 찾아왔으니 부처님께 봉양하시지요?"

"뭐라고? 시끄러워! 봉양 좋아하시네. 그리고 우리 집 가풍을 모른다고 하니 이 기회에 내가 똑똑히 가르쳐주지. 얘들아, 이 중놈한테 우리 집 가풍 좀 똑똑히 가르쳐줘라!"

황 부자가 안채에다 대고 소리를 지르자 그의 자식들이 몽둥이를 들고 우르르 몰려왔다. 그러더니 다짜고짜 승려에게 몰매를 퍼부었다.

"아이고, 이게 무슨 짓이오!"

순식간에 벌어진 일이라 승려는 속수무책으로 당할 수밖에 없었다.

"게을러빠진 중놈들이 시주를 오면 우리 가족이 합심해서 정신을 차리도록 도와주는 게 바로 우리 집 가풍이다. 이제 알았나?”

난데없는 매질을 당한 승려는 한 가지 꾀를 생각해냈다.

‘못된 구두쇠 영감의 버릇을 내 고쳐줄 것이다.’

“내가 그대 집의 가풍을 모르고 무례하게 굴어서 미안하오. 하지만 오늘 내가 이 집에 온 것은 한 가지 꼭 알려줄 것이 있어서인데, 그냥 가도 좋겠소?”

“흥, 비렁뱅이 중놈 주제에 뭘 알려줄 게 있다는 거야?”

황 부자는 콧방귀를 뀌며 승려의 말을 들으려고도 하지 않았다.

“알겠소이다. 그럼 그냥 가리다. 실은 재물을 모을 방법을 일러주려고 했던 건데…….”

“뭐? 재물!”

막 대문을 걸어 잠그려던 황 부자는 재물 운운하는 승려의 말을 듣더니 득달같이 튀어나왔다.

“아이고, 스님. 그럼 진즉 그리 말씀을 하시지요. 이거 너무 무례하게 굴어서 정말 죄송합니다.”

황 부자는 갑자기 태도를 바꿔 승려에게 알랑거리기 시작했다.

“방금 전에 지나가다 보니 이 집의 하늘 위에 재물 운이 가득 드리우고 있었소. 그래서 내가 시주를 권했던 것이지요.”

“아, 그렇게 깊은 뜻이 있었는데, 그만 몰라뵙고…… 용서하십시오. 그런데 어찌해야 재물을 모을 수 있을까요?”

승려는 황 부자가 계획대로 걸려들자 더욱 그의 호기심을 돋웠다.

"그 방법은 얘기하자면 시간이 많이 걸리니 나와 함께 절로 가서 천천히 이야기를 나눠봅시다."

"예, 그러지요. 잠시만 기다려주십시오. 제가 외출 채비 좀 하고 나오겠습니다."

황 부자는 허둥대며 안으로 들어갔다. 그러자 부인과 자식들이 한사코 그를 말렸다.

"저 중놈이 매 맞은 것을 앙갚음하려고 수작을 부리는 것이니 따라가지 마세요."

하지만 이미 재물에 눈이 먼 황 부자는 그들의 말이 귀에 들어오지 않았다.

"염려 말아라. 내가 누군데 저 따위 중놈에게 당하겠느냐?"

황 부자는 가족들을 안심시킨 뒤 승려의 뒤를 따랐다.

한참을 걷다 보니 날도 저물어가고, 두 사람 모두 다리도 아파왔다. 승려가 황 부자에게 말했다.

"절까지 가려면 아직도 한참 남았는데 벌써 날이 저물고 있으니 어찌하시겠습니까?"

"저기 여인숙에서 하룻밤 묵고 내일 다시 길을 떠나지요."

"여인숙이 초라해 보이는데, 괜찮겠습니까?"

"괜찮습니다. 하룻밤만 참으면 재물을 모으는 방법을 알게 될 터인데 못 참을 게 뭐겠습니까?"

여인숙에 들어간 두 사람은 저녁을 배불리 먹고 일찌감치 잠자리에 들었다. 게다가 황 부자는 술까지 몇 잔 마신 터라 금세 곯아 떨어졌다.

이튿날 새벽, 아직 사위는 어둑어둑했다. 일찍 눈을 뜬 황 부자가 입을 열었다.

"스님, 슬슬 날이 밝아오고 있으니 그만 떠나지요?"

그렇게 말하면서 옆자리를 돌아보았는데, 승려가 보이지 않았다.

'아니, 이 중놈이 꼭두새벽부터 대체 어딜 간 거야?'

황 부자는 속으로 중얼거리며 여인숙을 샅샅이 뒤졌지만 승려를 찾을 수 없었다. 순간 새벽바람이 스산하게 스쳐지나갔다. 문득 머리 쪽이 휑하게 느껴진 황 부자는 머리에 손을 가져갔다.

"아니? 이게 어찌 된 거야!"

황 부자는 소스라치게 놀라며 나자빠졌다. 여봐란듯이 승려의 머리가 되어 있었기 때문이다. 뭔가 일이 잘못 되었음을 눈치챈 황 부자는 황급히 방으로 뛰어 들어갔다. 아니나 다를까. 집을 떠날 때 가져온 봇짐은 이미 사라진 뒤였다.

숙박비조차 지불하지 못한 황 부자는 여인숙 주인에게 흠씬 두들겨 맞고 간신히 집으로 돌아왔다. 그러나 봉변은 아직 끝나지 않았다. 그의 집 식구들이 까까머리가 된 그를 알아보지 못한 것이다.

"아니 뭔 중놈들이 하루가 멀다 하고 이렇게 자꾸 찾아오는 거야?"

자식들이 우르르 몰려나와 자기 아버지에게 몰매를 퍼부었다.

"다시는 우리 집에 얼씬하지 못하도록 아주 뜨거운 맛을 보여주지! 어떠냐, 어떠냐!"

"아이고! 이놈들아, 나다! 네 아비야!"

하지만 자식들은 매질을 멈추지 않았다.

"뭐? 이 중놈이 이젠 거짓말까지 하네? 에라, 이놈아! 그래, 오늘 한번 죽어봐라!"

한참 뒤, 황 부자가 만신창이가 되었을 때 비로소 승려가 나타났다.

"자식들한테 두들겨 맞는 기분이 어떻소?"

"아이고, 스님! 잘못했습니다. 저 좀 살려주십시오."

"이제야 정신이 좀 드시오? 우리 승려들은 일단 불교에 입문하면 머리부터 깎는다오. 당신이 승려들을 때리는 가풍을 중시하듯 나도 불교의 관례를 존중했을 뿐이니 너무 원망하지는 마시구려."

승려는 그 말을 남기고 천천히 발길을 돌렸다.

화약에 평생을
바친 부자

二

　　고려 말, 최무선崔茂宣은 우리 역사상 처음으로 화약을 발명했고, 그의 아들 최해산崔海山은 아버지의 뜻을 이어받아 화약으로 여러 무기를 개발했다. 이들 부자父子 덕분에 우리나라도 화약이라는 무기를 갖게 되었으며, 이로써 국력을 신장할 수 있었다.

　　최무선은 어려서부터 호기심이 많았다. 어느 해인가 궁중에서 열린 불꽃놀이를 보고는, 그 불꽃이 화약으로 만들어진 것임을 알게 되었다. 그때부터 그는 화약에 관심을 갖게 되었다. 또한 화약이 대포에도 이용된다는 사실을 알았다. 그러나 아직 고려에는 화약 제조 기술이 없었으므로 중국에서 무기를 사들여야 하는 실정이었다. 그 때문에 최무선은 스스로 화약 제조법을 터득하겠노라 다짐했다.

최무선은 그로부터 수십 년간 오직 화약 만드는 일에만 매달렸다.

고려 말기에 이르자 왜구의 침입이 극에 달해 그는 하루 빨리 화약을 만들고자 했으나 뜻대로 되지 않았다. 당시 고려에는 화약 제조에 관한 책이 한 권도 없었을 뿐 아니라 중국에서도 그 기술이 밖으로 새지 않도록 철저히 보안을 유지했기 때문이다.

그럼에도 최무선은 백방으로 수소문하며 뛰어다닌 끝에 비로소 초석과 유황 그리고 숯을 알맞게 섞으면 화약이 만들어진다는 사실을 알아냈다. 또한 화약을 만드는 세 가지 재료 중 유황과 숯은 쉽게 구할 수 있으나, 초석을 만드는 것은 매우 어렵고 중요하다는 사실도 알게 되었다. 초석은 오늘날 질산이라 불리는 것으로, 물에 쉽게 녹고 목탄 위에서는 튀면서 타는 물질이었다.

그는 새로 시작한다는 마음으로 연구를 거듭했다. 그는 중국 무역 중개인들의 왕래가 잦은 벽란도에서 머물며 초석의 제조 방법을 알고 있는 사람을 수소문했다.

그러던 중 중국 강남 지방에서 온 이원李元이라는 사람을 만나게 되었다. 그는 이원에게 후한 대접을 베풀어 마침내 초석을 흙으로부터 추출하는 방법을 알아냈다. 결국 최무선은 화약을 만드는 데 성공했는데, 그때 그의 나이 쉰이었다.

그는 우선 화약을 이용하여 화전火箭 등의 간단한 무기를 만들어 실험해보고는 자신감을 얻었다. 그래서 본격적으로 화약을 이용한 무기를 만들고자 당시 임금인 우왕에게 화통도감火筒都監의 설치를 건의했다. 우왕은 이를 허락했다. 그때가 1377년이었는데, 이때부터 화약 무기에 대한 본격적인 연구가 시작되었다.

그로부터 3년 뒤인 1380년 왜구가 대거 침입하자 최무선은 부원수로서 전투에 참가, 화포와 화통 등을 처음으로 사용했다. 그 전투에서 최무선은 화약 무기를 사용하여 왜선 500여 척을 전멸시켰다.

그 후에도 화약 무기는 싸움이 있을 때마다 큰 전과를 올리는 일등공신이 되었다. 그러나 이러한 공적에도 불구하고 일부 중신에 의해 화통도감은 철폐된다. 최무선은 벼슬 따위야 기꺼이 내놓고 물러났으나, 화약 연구에 종지부를 찍는 것이 아닌지 걱정하지 않을 수 없었다.

그는 집에서 머물며 화약 관련 책을 저술하기 시작했다. 얼마 뒤 그는《화약수련법火藥修鍊法》과《화포법火砲法》을 집필했다. 그의 나이 예순 고개를 넘어섰을 때의 일이다. 이때 기록된 책은 최무선의 아들 최해산에 의해 다시 빛을 볼 수 있었다.

최무선이 세상을 떠났을 때 해산은 아직 어렸기에 아버지의 어려운 책을 제대로 읽을 수가 없었다. 하지만 해산은 열다섯 살 때부터 밤을 새워가며 아버지의 유고遺稿를 공부했다. 생전의 아버지는 늘 이렇게 말했다.

"이 나라가 더욱 강건해질 방법이 이 책 속에 담겨 있다는 사실을 잊지 말아라."

해산은 생전의 아버지가 화약에 대해 얼마나 많은 애착을 가졌는지 잘 알고 있었다. 책을 저술하는 동안에도 그의 아버지는 노구임에도 밤을 하얗게 새우곤 했었다. 그것을 지켜보는 아들의 심정은, 과연 나도 아버지처럼 무언가에 저토록 열심히 정진할 수 있을까 하는 것이었다. 아버지에 대한 외경심은 이미 해산이 어렸을 때부터 가슴 깊이 심어지고 있었던 것이다.

해산은 아버지의 뜻을 받들어 화약 무기 개발에 매진했다. 조선조, 다시 왜구의 침입에 시달리던 태종은 해산을 군기시軍器寺에서 일하도록 선처했다. 군기시는 병기兵器의 제조 등을 관장하던 관청이었는데, 해산은 이곳에서 아버지가 발명한 것보다 더 강한 화약과 대포를 만들었다. 그리고 대포를 옮기기 편하도록 수레와 합친 형태의 화차火車를 발명했다. 또한 후진 양성에도 힘을 기울여 많은 화약 전문가를 양성했다.

해산은 세종 때에 이르기까지 여러 왕에게 두터운 신임을 얻었다. 특히 세종은 해산을 아끼는 마음이 남달랐다. 한번은 그가 어느 전투에 참가하였다가 군기軍機를 이행하지 않아 사헌부의 탄핵을 받게 되었는데, 세종은 이렇게 말했다고 한다.

"최해산은 이십여 년 동안 오로지 화포에만 매달렸던 사람이다. 그 공로는 지금의 죄과보다 지대한 것이니, 벼슬만 거두도록 하라."

아버지의 뒤를 이어 더욱 발전된 화약 무기를 제조한 업적을 세종도 잘 알기에 이런 처분을 내린 것이었다.

지게의
교훈

三

옛날에 늙은 아버지를 모시고 사는 아들 부부가 있었다. 그 부부에게는 아직 철이 들지는 않았으나 마음씨가 비단결 같은 아이 하나가 있었다.

어느덧 세월이 흘러 아이의 할아버지도 일흔의 나이가 되었다. 그쯤 되자 아들 부부에게 고민이 생겼다.

"여보, 아버님이 올해 일흔이 되셨으니 우리도 나라의 법을 따라야 하지 않겠어요? 만약 관가 사람들에게 들키기라도 하는 날에는 꼼짝없이 붙들려 갈 텐데 말이에요."

당시에는 고려장 제도가 있어서, 나이 일흔이 된 노인들은 건강 상태를 가리지 않고 무조건 땅에 묻어버리게 했다. 이 법을 따르지 않는 자는 지위 고하를 막론하고 잡아다가 엄벌에 처했기 때문에 사람들은 싫든 좋든 이 악법을 지켰다. 아들도 형벌이 두려워 여전히 정정한 아버지를 땅에 묻을 생각을 하고 있었다.

"이제 아버지는 웬만큼 사셨으니까 우리라도 편히 살려면 당연히 나라의 법을 따라야지."

평소 효심이 두텁지 않았던 아들은 그렇게 결론을 내리고 아버지를 산에 갖다 버리기로 했다.

이튿날 아들은 창고에서 헌 지게를 꺼내 왔다. 지게 위에 아버지를 지고 산으로 갈 참이었다. 아들은 아직 잠자리에 들어 있는 아버지를 흔들어 깨워 밖으로 나왔다.

잠결에 어리둥절해하던 노인은 아들이 자신을 지게 위에 올려놓자 비로소 그 까닭을 짐작하고는 아들이 시키는 대로 잠자코 있었다. 노인은 아들 몰래 눈물을 흘렸다.

'그래, 차라리 내 목숨을 끊어 아들 며느리와 손자를 살리는 게 낫지……'

노인은 속으로 그렇게 자신의 운명을 순순히 받아들였다. 그때 노인의 손자는 일찌감치 일어나 집 밖에서 놀고 있었는데, 할아버지를 지게에 지고 가는 아버지를 보고 반가워하며 달려왔다.

"와아, 할아버지는 좋겠다. 아버지가 지게를 태워주시네?"

속도 모르는 아이는 내심 지게를 탄 할아버지를 부러워했다. 그런데 가만히 보니 지게 위의 할아버지가 눈물을 흘리고 있었다.

'할아버지가 너무 좋아서 그러시나?'

아이는 고개를 갸우뚱거리며 아버지의 뒤를 따라가 보았다.

"아버지, 왜 힘들게 자꾸 산으로 올라가요? 그냥 여기서 지게를 태워드려도 될 텐데."

아이 아버지는 영문도 모르고 지껄이는 아이에게 냅다 소리를 질렀다.

"저리 못 가! 이 녀석이 왜 이렇게 귀찮게 구는 거야?"

하지만 아이는 더욱 이상한 생각이 들어 몰래 아버지의 뒤를 밟았다.

마침내 산속 깊은 곳까지 들어간 아들은 늙은 아버지를 지게에서 내려놓더니 구덩이를 파기 시작했다. 조금 지나자 제법 큰 구덩이가 만들어졌다.

이윽고 아이는 놀라운 일을 목격했다. 아버지가 할아버지를 구덩이 속으로 밀어 넣어버린 것이었다. 아이는 가슴이 철렁 내려앉았다. 그제야 지금 무슨 일이 벌어지고 있는 것인지 대충 알아차렸다.

늙은 아버지를 구덩이에 버린 뒤 아들은 이렇게 중얼거렸다.

"이제 이 헌 지게는 필요 없게 되었으니 버리고 가야겠다."

그러고는 지게를 저만치 집어던졌다. 그때 나무 뒤에 숨어서 지켜보고 있던 아이가 뛰쳐나오면 외쳤다.

"그 지게를 버리지 마세요!"

아이의 아버지는 갑자기 나타난 아이를 보자 깜짝 놀라 뒤로 물러섰다.

"아니, 이 녀석이 집에 가라고 했더니 왜 따라왔어?"

아이는 아버지의 호통에 아랑곳하지 않고 두 눈을 부릅뜨며 말했다.

"저 지게는 제가 갖고 가겠어요."

"그 지게는 이제 쓸모가 없어졌으니 버리고 가도 된다."

"쓸모가 없긴 왜 없어요? 나중에 반드시 쓸 일이 있단 말예요."

"나중에 언제?"

"아버지가 일흔이 되면 제가 또 이 지게에다 아버지를 짊어지고 이곳으로 와야 하잖아요?"

어린 아들의 말에 아버지는 정신이 번쩍 들었다.

"이 녀석이……."

아버지는 너무 충격을 받아 말끝을 제대로 맺지 못했다. 먼 훗날 늙어서 아들의 지게 위에 앉아 지금 이곳으로 오게 될 자신의 모습을 떠올리니 눈앞이 캄캄해졌다.

'아, 내가 잘못 생각했구나!'

아이 아버지는 그제야 크게 뉘우쳤다. 그는 자신의 아버지를 구덩이에서 꺼냈다. 그러고는 아이가 지고 있던 헌 지게를 빼앗아 다시 자기가 둘러멘 다음 늙은 아버지를 태워 산을 내려왔다.

집에 돌아오자 며느리도 시아버지 앞에 무릎을 꿇고 용서를 빌었다. 그리고 머지않아 악습이자 악법이었던 고려장 제도가 철폐되었다.

부자 아버지를 둔
아들

四

미국 시카고의 한 호텔 로비에 노신사가 들어왔다. 프런트 앞에 선 그가 호텔 지배인에게 말했다.

"가장 싼 방 하나를 주시오."

"네, 잠시만……."

'가만, 어디서 봤더라…….'

지배인은 왠지 낯이 익은 손님을 앞에 두고 고개를 숙인 채 잠시 기억을 되짚었다. 그는 이내 고개를 번쩍 들더니 감격에 겨운 표정으로 말했다.

"아, 록펠러 선생님! 저희 호텔을 찾아주셔서 영광입니다."

지배인은 호들갑스럽게 프런트 앞으로 나오더니 얼른 대부호

록펠러에게 예를 갖췄다.

"아, 내 이름을 아시는구려. 그럼 숙박계에 내 이름을 적고 이 호텔에서 가장 싼 방을 하나 주시오."

지배인이 손사래를 치며 말했다.

"아닙니다. 저희 호텔에서 가장 좋은 브이아이피 룸으로 모시겠습니다."

"아니요. 나는 싼 방이라도 상관없으니 그것으로 주시오."

록펠러는 거듭 싼 방으로 달라고 말했다.

"하지만 선생님 아드님께서 저희 호텔에 오시면 항상 브이아이피 룸을 이용하십니다. 아드님께서도 고급 룸을 쓰시는데 선생님께서 싼 방을 쓰신다면 말이 안 되지요."

지배인이 고급 룸으로 거듭 안내하려 하자 록펠러가 미간을 찌푸리며 말했다.

"어허, 난 싼 방에서 머물겠다니까! 그리고 내 아들은 부자 아버지를 두어서 비싼 방을 써도 될지 모르지만, 나는 부자 아버지가 없잖소? 그러니 내 아들과 나를 혼동하지 말고 어서 싼 방이나 하나 주시오."

결국 록펠러는 그 호텔에서 가장 싼 방에 들어가 머물렀다.

사위를
홀대한 까닭

五

영조 때 좌의정을 지낸 정홍순鄭弘淳에게는 과년
한 딸이 하나 있었다.

어느 날, 이웃 마을에서 청혼이 들어와 마침내 혼례를 치르게 되
었다. 하지만 사위 될 사람이 한 가지 흠이 있었는데, 낭비벽이 심
하다는 것이었다. 그것만 빼면 예의도 바르고 인물도 준수한 청년
이었다. 하지만 정홍순은 그 낭비벽이 못내 마음에 걸렸다. 그는
혼례식을 차일피일 미루다가 부인의 성화에 못 이겨 마침내 날짜
를 잡기에 이르렀다.

"혼삿날이 하루하루 다가오는데 어서 혼숫감을 준비해야지요?"

아무것도 준비하지 않은 상태라 부인은 마음이 급했다. 그러나

정홍순은 느긋했다.

"아직도 보름이나 남았는데 어찌 그리 서두르시오? 그래, 혼례 비용은 얼마나 필요한 게요?"

"적어도 천 냥은 있어야 해요."

"알았소. 내가 그 천 냥을 가지고 알아서 혼례 준비를 할 테니 부인은 신경 쓰지 마시구려."

정홍순은 말은 그렇게 했으나 정작 혼삿날이 코앞에 다가왔는데도 혼숫감은커녕 잔칫날 입을 옷감조차 사들이지 않았다. 이를 잠자코 지켜보던 부인이 참다못해 연유를 캐물었다. 그는 태연하게 거짓말을 했다.

"내가 벌써 며칠 전에 상점에 주문을 해두었는데 아마 그자들이 깜빡 잊은 것 같구려. 생각 같아서는 그자들을 불러 혼내주고 싶지만 정승 체면에 그럴 수야 없지 않겠소? 그러니 급한 대로 입던 옷이라도 깨끗이 빨아서 입히도록 합시다."

부인은 싫어도 그럴 수밖에 없는 상황이 되자 남편의 말에 따랐다.

이윽고 혼삿날이 되었다. 그런데 이번에는 하객들을 접대할 음식이 준비되어 있지 않았다. 이번에도 부인이 연유를 묻자 정홍순은 또 거짓말로 둘러댔다.

"허허, 그자들이 또 약속을 어겼구먼. 분명히 푸줏간에다 고기를 가져오라고 했는데 말이오. 할 수 없지. 그자들은 나중에 혼내주기로 하고 우선 집에 있는 음식을 정성껏 요리해서 손님들을 접대하도록 하시오."

이렇게 해서 결국 그날 혼례식은 소박하게 마무리되었다.

한편 혼례가 끝나자 사위는 몹시 실망했다. 명색이 정승 집안의 사위인데 여느 혼례식과 다를 바 없이 끝나자 인색한 장인에게 화가 치밀었다. 장인이 일부러 혼례 비용을 쓰지 않았다고 생각한 것이다.

가뜩이나 장인에 대한 감정이 좋지 않은데 얼마 후 또 사위를 푸대접하는 일이 벌어졌다. 모처럼 사위가 처가에 놀러 왔는데 저녁 시간이 되자 갑자기 장인이 사위에게 말했다.

"저녁 먹을 시간도 됐는데, 이제 그만 자네 집으로 돌아가게."

"예? 지금 돌아가라고요?"

사위는 어처구니가 없어 눈을 크게 뜨며 되물었다.

"자네 집에서 저녁을 준비해두었을 것 같아 우리 집에서는 자네 저녁을 준비하지 말라고 했네. 서로 낭비하지 말자는 뜻이니 오해하지는 말고 날이 어두워지기 전에 어서 돌아가게."

사위는 이를 갈며 발길을 돌렸다. 그리고 그날 이후로 처가에 발길을 끊었다. 백년손님이라는 사위에게 그런 푸대접으로 일관하는 장인이고 보니 그럴 만도 한 일이었다.

그렇게 몇 년이 흘렀다. 어느 날, 정홍순이 모처럼 사위와 딸을 집으로 불렀다. 사위는 그때까지도 화가 완전히 풀리지 않은 상태였지만 장인의 부름이었으므로 마지못해 따라왔다. 사위 내외가 오자 정홍순은 따뜻한 밥 한 끼를 지어 먹인 뒤 이렇게 말했다.

　"오늘은 자네에게 보여줄 게 있으니 내 딸과 함께 나를 따라오게."

　그러고는 앞장서서 성큼성큼 대문 밖으로 나서는 것이었다. 영문을 모르는 두 사람은 서둘러 정홍순의 뒤를 따라갔다. 얼마쯤 걸어가더니 정홍순은 말끔한 기와집 앞에서 걸음을 멈췄다.

　"자, 안으로 들어가자."

　"아버님, 도대체 이 집이 누구 집인가요?"

　딸이 묻자 정홍순이 사위를 돌아보며 말했다.

　"네 남편 집이지."

　"예?"

　사위는 깜짝 놀라 장인의 얼굴을 쳐다보았다.

　"하하하, 그렇게 놀랄 것 없네. 다 자네 돈으로 산 집이니까 말일세. 그동안 내가 자네에게 인색하게 대했던 것은 이 집을 자네에게 사주려고 그랬던 것이었네. 그리고 저 앞에 있는 논밭은 내가 자네에게 주는 혼인 선물일세. 선물이 조금 늦긴 했지만, 앞으로 열심히 일해서 저 땅을 비옥하게 일구어보게."

　"아, 장인어른……."

사위는 장인의 깊은 뜻을 깨닫고는 감격의 눈물을 흘리며 그 자리에서 큰절을 올렸다.

장군보다
훌륭한 아버지

六

　웰링턴은 워털루 전투에서 프랑스의 영웅 나폴레옹을 물리쳤다.

　어느 날, 그가 부하들을 거느리고 여우 사냥에 나섰다. 그는 일단 사냥에 나서면 사냥감을 끝까지 추적하여 잡아내야 했는데, 그날도 꼭 잡고 말겠다는 결의를 다지고 사냥에 임했다. 그래서 부하들에게 미리 이렇게 말해두었다.

　"일단 여우가 눈에 띄기만 하면 누구든지 내게 빨리 알려야 한다. 맨 먼저 여우를 발견한 자에게는 상금을 내릴 것이다."

　상금까지 걸린 터라 부하들은 여우 찾기에 혈안이 되어 바짝 긴장한 채 주위를 두리번거렸다. 이윽고 부하 하나가 다급히 소리쳤다.

"장군님, 여우를 발견했습니다. 저쪽입니다!"

"오, 그래? 어서 가자!"

웰링턴은 급히 말머리를 돌려 부하가 말한 쪽을 향해 달려갔다. 그런데 막상 그곳에 도착해보니 여우가 보이지 않았다.

"어찌 된 일이냐?"

방금 전까지만 해도 제법 큼직한 여우 하나가 숲을 헤치며 달려가는 것을 본 부하는 고개를 갸웃거렸다.

"분명 여우가 지나갔습니……."

그때 큰 바위 뒤에서 여우가 튀어나오더니 큰길 쪽으로 내달리기 시작했다.

"저기 있습니다!"

부하가 다시 큰소리로 웰링턴에게 알렸다. 여우가 달아나는 것을 확인한 웰링턴은 얼른 그 뒤를 쫓았다. 그러나 여우의 몸놀림이 어찌나 빠른지 도저히 따라잡을 수가 없었다.

여우는 큰길을 지나 어느 농장의 높은 울타리를 넘더니, 그 농장 안에 있는 집 근처에서 자취를 감추고 말았다. 웰링턴은 급히 농장으로 달려가 농부의 집 앞에서 멈춰 섰다.

"문 열어라!"

웰링턴은 그 집의 문을 쾅쾅 두드리며 외쳤다. 이내 안에서 소년의 목소리가 들렸다.

"누구십니까? 왜 남의 집 문을 이렇게 함부로 두드리는 거죠?"

"어서 문 열라니까!"

웰링턴은 급한 마음에 문을 열라는 말만 거듭했다.

"누구신지 말씀하시기 전에는 문을 열 수 없습니다. 제 아버지가 낯선 사람에게는 문을 열어주지 말라 하셨거든요."

"허어, 이 녀석이…… 나는 웰링턴 장군이다. 지금 여우를 쫓고 있는 중인데, 이 집 안으로 들어간 것 같으니 어서 문을 열거라."

소년의 당돌함에 웰링턴은 자신의 신분을 밝히고 다시 문을 열어줄 것을 종용했다. 그러나 소년은 여전히 맹랑하게 답했다.

"아무리 웰링턴 장군님이라도 절대 문을 열 수가 없습니다."

"뭐라고? 장군의 명령을 어기겠다는 말이냐?"

"제 아버지는 아무리 장군님 같은 높은 사람들이라도 남의 집 농가를 함부로 사냥터로 사용해서는 안 되는 것이라고 했습니다. 그래서 농장의 울타리도 높이 쌓은 것입니다. 그런데도 장군님께서는 겨우 여우 한 마리 때문에 제게 아버지의 당부를 어기라고 명령하신단 말인가요?"

웰링턴은 그 말을 듣고 잠시 생각하더니 말머리를 돌렸다. 그 집을 떠나기 전에 그는 소년에게 이렇게 말해주었다.

"과연 네 아버지는 나보다 몇 배는 더 훌륭하신 분이구나. 앞으로도 아버지의 말씀을 잘 듣고 훌륭하게 자라거라."

소년은 문틈으로 웰링턴 장군의 뒷모습을 바라보며 중얼거렸다.

"아버지가 웰링턴 장군처럼 훌륭한 분도 없다고 하셨는데, 정말 그 말씀이 사실이었구나."

재물보다 회초리가
더 큰 유산

七

조선 영조 때 영의정을 지낸 조현명趙顯命은 평생 검소한 생활로 백성들의 귀감이 되었다. 그는 정사에 임해서도 그러했지만, 집안에서도 철저하게 재물을 관리하여 참판에서부터 영의정까지 두루 관직을 거쳤으면서도 모아놓은 재산이 그리 많지 않았다.

'재물이란 먹고사는 데 부족하지만 않을 정도면 되는 것이다. 그이상의 재물은 모두가 낭비와 욕심을 불러일으킨다.'

이는 조현명의 평소 신념이었는데, 늘 세 아들에게 강조하는 바이기도 했다. 또한 청지기를 시켜 집안의 재산을 관리하도록 하고 자신은 들어오고 나가는 재물에 관해서는 일절 신경을 쓰지 않았다.

어느 날, 조현명의 아내가 세상을 떠났다. 평생 옆에서 다독이며 살아오던 아내가 죽자 그는 마음이 몹시 아팠다. 슬픈 마음을 누르며 아내의 장례를 치른 그는 한동안 국사를 잊고 오직 아내 생각에만 매어 있었다. 그런데 하루는 청지기가 찾아와 말했다.

"안방마님 장례 때 들어온 부조금이 많이 남았는데, 이 돈을 어찌하면 좋겠습니까?"

부조금이 남았다는 것은 장례 비용을 치르고도 여윳돈이 남았다는 말이었다.

"음, 그런가? 그렇다면 유익한 곳에 돈을 써야지……."

사실 조현명은 남은 부조금을 어디에 쓰든 상관하고 싶지 않았다. 그런데 청지기가 말한 부조금의 용처를 듣고는 가슴이 철렁했다.

"남은 돈으로 나중에 대감마님이 사용하실 땅을 사두는 것이 어떻겠습니까?"

청지기는 나름대로 자기 주인의 노후를 걱정해서 한 말이었지만 조현명은 그 말이 하나도 반갑지 않았다.

"어찌하면 좋겠습니까?"

청지기는 거듭 돈의 용처를 알려달라고 주문했다.

조현명은 할 수 없이 세 아들을 불러 의논하기로 했다.

"너희 어미의 부조금으로 들어온 돈이 꽤 많이 남았는데 어떻게 사용하면 좋겠느냐?"

큰아들이 대답했다.

"이제 아버님께서도 재물이 있으셔야 노후를 편히 지내실 터이니 청지기의 말대로 땅을 사두시는 게 좋을 것 같습니다."

둘째가 대답했다.

"저 역시 형님의 생각과 같습니다. 아버님께서는 정승의 자리에 계시면서도 지금까지 평민들의 생활과 다를 바 없이 지내셨습니다. 이제부터라도 편히 여생을 보내셔야 합니다."

막내가 대답했다.

"아버님께서 남은 부조금으로 땅을 사신다면 돌아가신 어머니께서도 하늘나라에서 기뻐하실 것입니다."

세 아들의 이야기를 다 들은 조현명은 가만히 일어나 밖으로 나가더니 회초리 한 묶음을 가지고 들어왔다.

"내가 지금까지 너희들을 잘못 가르쳤구나. 모름지기 자식들은 부모의 본을 받는다고 했거늘, 이 모두가 내 잘못이다. 이제부터라도 너희들을 바르게 가르치고자 하니 큰애, 너부터 하나씩 나와서 종아리를 걷어라."

세 아들은 아버지가 그토록 화를 낼지 몰랐던 터라 모두 눈이 휘둥그레졌다. 무슨 악담을 한 것도 아니고 아버지의 노후를 위해 땅을 사는 것에 동의한 것뿐인데 그토록 화를 내니 난감한 일이 아닐 수 없었다. 아버지의 서슬에 눌려 큰아들은 종아리를 걷었다.

"너는 이 집안의 장손으로서 이 아비가 죽으면 마땅히 네 힘으로 나를 봉해야 옳거늘, 어째서 내 재산이 필요하단 말이냐? 이는 아직도 네 학문이 모자라기 때문이니 지금부터라도 학업에 정진하도록 해라."

둘째도 종아리를 걷고 아버지 앞에 섰다.

"너는 이 아비가 여태 땅을 살 줄 몰라서 한 뼘 땅도 가진 게 없는지 아느냐? 정승의 자리는 나라와 백성을 위해 일하라고 준 자리지 내 몸 편하라고 내린 벼슬이 아니다."

마지막으로 막내아들의 종아리를 내리친 후 조현명이 말했다.

"너는 막내로서 네 어미의 사랑을 한 몸에 받고 자랐으면서도 그 깊은 뜻을 그것밖에 헤아리지 못했단 말이냐? 부조금으로 땅을 사서 내가 편하게 지내는 것이 진정 네 어미의 뜻이었더란 말이냐?"

조현명은 세 아들의 종아리를 차례로 때린 뒤, 청지기에게도 매를 들었다.

"자네는 수십 년 동안 내 곁에서 일했으면서도 그렇게 내 속내를 모른단 말인가? 내 세 아들이 하나같이 내게 땅을 사라고 고한 것은 아마도 자네의 입에서 그런 말이 처음 나와서가 아닌가 싶네. 그만큼 자네는 우리 집안에서 중요한 위치에 있는 사람일세. 그럼에도 함부로 생각 없이 말을 뱉었으니 그 죄 또한 큰 것일세."

세 아들과 청지기는 조현명의 엄중한 꾸짖음에 아무런 대꾸도 하지 못했다. 더구나 그들은 그다음에 이어진 조현명의 행동을 보고는 무릎을 꿇고 눈물로 용서를 빌었다.

"이 모든 것이 다 내가 잘못 가르친 탓이 아니고 무엇이겠는가!"

조현명이 남은 회초리 몇 개를 한꺼번에 움켜쥐고는 자신의 종아리를 내리치기 시작한 것이다.

말 도둑이 된
계란 도둑

八

　　어느 마을에 일찍 남편을 여읜 어머니가 어린 아들과 함께 살고 있었다. 아들은 철부지여서 세상 물정에 대해서는 아무것도 아는 바가 없었다.

　어느 날, 아들이 밖에서 놀다가 집으로 돌아오는 길에 이웃집 닭장 앞을 지나가게 되었다. 그런데 가만히 보니 닭장 안에 금방 낳은 계란 하나가 있었다. 아들은 장난삼아 몰래 계란을 꺼내 집으로 가져왔다.

　"어머니, 이 계란으로 우리 맛있는 저녁을 해 먹어요."

　어머니는 아들이 이웃집에서 훔쳐 온 계란이라는 사실을 알면서도 기특하다고만 여겨 요리를 해서 함께 먹었다. 아들은 어머니가 기뻐하는 것을 보고 매우 흡족하게 여겼다.

'계란을 훔치는 것쯤은 그리 큰 죄가 아닌가 보구나.'

철없는 아들은 그렇게 생각하고 자주 이웃집 닭장에서 계란을 훔쳐 왔다. 그러다가 얼마 뒤에는 이웃집뿐만이 아니라 온 마을의 닭장을 기웃거리며 계란 도둑질을 해댔다.

세월이 흐를수록 아들의 도둑질은 점점 대담해졌다. 계란으로 시작한 도둑질이 병아리로 커졌고, 병아리에서 강아지, 강아지에서 염소, 염소에서 송아지로 자꾸 커졌다.

아들은 성인이 되어 집을 나와 타향살이를 하면서도 도둑질을 멈추지 않았다. 돈은 물론이고 값진 금은보화나 도자기 등 일단 자신이 훔치겠다고 마음먹은 것은 모두 수중에 넣고야 말았다. 어느덧 그는 나라 안에서 가장 능숙한 도둑이 되었다.

하루는 그가 길을 가다가 유난히 눈에 띄는 말 한 마리를 보았다. 털빛이 윤이 나고 기골이 장대하여 여느 말과는 차원이 달랐다.

'음, 아주 훌륭한 말이군.'

그가 이미 눈도장을 찍었기 때문에 이제 그 말도 머지않아 그의 수중에 들어올 터였다. 그런데 공교롭게도 그 말은 바로 이 마을 군수의 것이었다. 물론 그는 그런 사실에 개의치 않았다.

'하하, 아무리 군수의 것이라도 훔쳐내지 못할 내가 아니지.'

그는 날이 어두워지기를 기다렸다가 깜깜한 밤이 되자 말이 있는 관사의 담을 넘어갔다. 그런데 생각보다 마구간의 경비가 삼엄했다. 아무리 그가 날고 기는 솜씨를 가졌다 해도 말을 훔치는 것은 도저히 불가능해 보였다. 그러나 그는 내친걸음에 꼭 말을 훔치겠다고 결심하고는 도둑질을 감행했다.

"웬 놈이냐?"

"저놈 잡아라!"

역시 그날 도둑질은 무리였다. 그는 겹겹으로 에워싼 경계망을 뚫지 못하고 결국 병사들에게 잡히고 말았다.

"뭣이! 내 애마를 훔치려 했다고?"

자다가 일어나 병사의 보고를 들은 군수는 버럭 화를 냈다.

"그놈을 단단히 묶어 일단 옥에 가둬라."

이튿날, 날이 밝자 군수는 그를 끌어내 자초지종을 묻지도 않고 무조건 사형에 처하라고 명령했다.

"군수님, 죽기 전에 한 가지 청이 있으니 꼭 들어주십시오."

군수는 당장 그의 목을 베어도 시원치 않다고 생각했지만, 간절히 마지막 유언을 청하자 받아들였다.

"네 변명을 주절주절 듣고 싶지 않으니 꼭 한 가지만 말하라."

"예, 마지막으로 제 어머니 얼굴을 한 번만 보게 해주십시오."

"좋다. 어서 가서 저자의 어미를 데려오도록 하라."

얼마 뒤 그의 어머니가 끌려와 아들의 옆에 꿇어앉혀졌다. 아들은 어머니를 보자 갑자기 눈물을 흘리며 말했다.

"어머니, 그동안 저 때문에 고생이 많으셨지요? 마지막으로 어머니를 한번 안아보고 싶습니다."

"그래, 이놈아 어쩌다가 네가 이렇게 되었니?"

어머니도 죽음을 앞둔 아들이 애처로워 눈물을 흘리며 그의 마지막 소원을 허락했다. 아들은 양손으로 어머니를 힘껏 품에 안았다. 그러고는 다음 순간 어머니의 어깨를 힘껏 깨물었다. 그러자 이내 어머니의 옷이 붉게 물들었다.

"아야! 이놈아, 도대체 무슨 짓이냐?"

어머니는 고통을 참지 못하고 이내 정신을 잃고 말았다. 이 광경을 지켜보던 사람들도 너무 순간적으로 일어난 일이라 모두들 의아해했다. 군수 역시 깜짝 놀라 까닭을 물었다.

"이 무슨 해괴한 짓이냐?"

"군수님, 사실 저는 어렸을 때 이웃집에서 계란 하나를 몰래 가져온 적이 있었습니다. 그때 어머니가 남의 물건을 훔치면 안 된다고 호되게 야단을 쳤으면 지금처럼 도둑이 되지는 않았을 것입니다."

그는 그렇게 말문을 열고는 그동안 있었던 일과 자신의 심정을 솔직히 고백했다. 군수는 그의 말을 다 듣고 잠시 생각하더니 명을 내렸다.

"저자의 사형을 거두어라. 알고 보니 더 큰 잘못은 저자의 어미에게 있었다. 저자는 곤장 이십 대를 때려 내보내고, 그 대신 저 어미를 감옥에 가둬라."

아들은 뒤늦게 그간의 도둑질을 참회하며 옥에 갇힌 어머니의 뒷바라지를 위해 열심히 일하며 살았다. 그의 어머니 또한 아들에게 스스로 모범을 보이지 못한 것을 후회하며 오랫동안 옥살이를 달게 받고 나와 여생을 아들과 함께 정직하게 살았다.

보잘것없지만
값진 유산

九

　　삼형제를 둔 부자 노인이 세상을 떠나면서 자신
의 전 재산을 가난한 이들에게 모두 나눠주고, 정작 자신의 아들들
에게는 한 푼도 물려주지 않았다. 그 때문에 세 아들은 거지나 다
름없는 생활을 하게 되었다.

　노인은 죽기 전에 삼형제를 불러 유언을 남겼다.

"너희는 아직 젊으니 어떤 일을 하든 굶어 죽지는 않을 것이다.
이 애비는 너희만 할 때 열심히 일을 해서 지금과 같은 재산을 모
았던 것이니 부디 나를 원망하지 말고 성실하게 살거라. 그리고 너
희에게 각자 유산 하나씩을 남겨주고 갈 테니 소중히 간직하도록
해라."

그때 삼형제는 아버지가 금덩이라도 하나씩 쥐어줄 것이라고 생각했다. 그러나 아버지가 남겨준 유산은 보잘것없는 물건이었다. 아버지는 첫째에게 지팡이, 둘째에게 궤짝, 셋째에게 피리를 준 뒤 눈을 감았던 것이다.

장례를 치른 뒤 삼형제는 둘러앉아 앞으로 살아갈 길을 의논했다.

"이제 우리가 함께 살 집도 없어졌으니 어떻게 하면 좋겠느냐?"

첫째가 한숨 섞인 소리를 하자 둘째가 맞장구를 쳤다.

"아버지도 참 무심하시지. 그 많던 재산을 땡전 한 푼 남기지 않고 남에게 다 나눠주시다니, 휴……."

둘째도 한숨을 내쉬었다. 그때 막내가 나서서 말했다.

"형님들, 이왕 이렇게 된 일을 어쩌겠습니까? 아버지가 돌아가시기 전에 우리는 아직 젊으니 열심히 일하며 살라고 하셨잖습니까? 그러니 이렇게 앉아서 굶어 죽느니 차라리 각자 헤어져서 살 길을 찾아보죠?"

막내의 말에 두 형은 어느 정도 기운을 차렸다.

"네 말이 맞다. 각자 흩어져서 살다가 돈을 벌면 이곳에 다시 모여 함께 살자. 그리고 아버지가 나눠주신 저 물건들은 그래도 마지막 유산이니 가지고 떠나도록 하자."

그렇게 서로 다짐을 나눈 뒤 삼형제는 각자 길을 떠났다.

첫째는 지팡이 하나를 달랑 들고 무작정 길을 따라 걸었다. 딱히

가야 할 곳이 없었으므로 밤이 되면 아무데서나 쓰러져 자고, 날이 밝으면 다시 길을 따라 걸으며 일거리를 찾았다.

어느 날, 날이 어두워져 풀이 무성한 무덤 옆에서 덤불을 뒤집어쓰고 잠을 잘 참이었다. 그런데 막 잠이 들려고 하는데 어디선가 부스럭거리는 소리가 들렸다. 처음에는 그냥 대수롭지 않게 여겼는데 그치지 않고 소리가 들렸다. 그가 소리 나는 곳으로 살금살금 기어가보니 여우 한 마리가 무덤을 파헤치고 있었다. 그는 너무 놀라 하마터면 소리를 지를 뻔했다. 그는 놀란 가슴을 누르며 여우의 행동을 지켜보았다. 여우는 무덤 속에서 해골 하나를 들고 나와 자기 얼굴에 뒤집어썼다. 그런 다음 재주를 몇 번 넘더니 이내 노파로 변신했다.

날이 밝자 노파로 변신한 여우는 마을로 내려갔다. 첫째는 그 뒤를 살금살금 따라갔다. 마을로 내려오자 노파는 어느 잔칫집으로 들어갔다. 그 집에서는 혼례식이 한창이었다. 그는 노파를 따라 집 안으로 들어갔다.

"어서 오세요. 밤나무골 할머니 아니세요?"

아무것도 모르는 신부 어머니는 노파를 반가이 맞이했다. 노파는 적당히 인사치레를 한 뒤 곧바로 신부에게 다가가 머리를 쓰다듬으며 말했다.

"너는 언제 봐도 너무 질투 날 정도로 예쁘구나. 아이고, 예쁜 것!"

"할머니는 늘 제게 칭찬만 해주시네요. 고맙습니다. 아…… 그런데 갑자기 왜 이렇게 어지럽지……."

신부가 갑자기 그 자리에 고꾸라졌다.

"애야, 왜 그러니? 정신 차려라!"

신부 어머니는 눈이 휘둥그레져서 딸을 일으켜 세웠지만 신부는 깨어나지 않았다.

"얼굴은 곱상한데, 몸이 너무 약해, 쯧쯧……."

노파는 혀를 끌끌 차며 밖으로 나가려고 했다. 그때 첫째가 불쑥 나타나 신부 어머니에게 말했다.

"제가 신부를 고쳐보겠습니다."

"네? 뉘신지 모르겠지만 제발 내 딸 좀 살려주세요."

달리 방도를 찾지 못한 신부 어머니는 무작정 그에게 매달렸다. 그때 노파는 막 대문을 나서고 있었다. 그는 재빨리 노파에게 달려가 지팡이로 사정없이 내리쳤다. 갑자기 일격을 당한 노파는 그대로 고꾸라졌다.

"아니, 젊은이! 노인한테 그게 무슨 짓이오? 당장 그만둬요!"

신부의 어머니와 사람들이 몰려와 그를 말렸으나 그는 멈추지 않고 노파를 내리쳤다. 마침내 노파의 머리가 터지고 피가 솟구쳤다. 그러자 노파는 비로소 제 모습으로 돌아왔다.

"이럴 수가! 저건 여우잖아?"

사람들은 그제야 그가 왜 노파를 공격했는지 알았다. 노파가 여우로 변하자 신부도 멀쩡하게 깨어났다. 신부 어머니는 그에게 고마움을 전하며, 음식과 돈을 두둑하게 챙겨주었다. 첫째는 그 돈을 가지고 고향으로 돌아가 땅을 조금 사서 열심히 농사를 지었다.

한편 궤짝을 짊어지고 길을 떠난 둘째 역시 거지나 다름없는 생활을 하고 있었다. 어느 날 둘째에게도 행운이 다가왔다.

"저 좀 살려주세요!"

길을 가던 둘째가 난데없는 외침을 듣고 뒤돌아보니 웬 처녀가 다급히 뛰어오고 있었다.

"무슨 일이오?"

둘째가 까닭을 묻자 처녀는 숨을 몰아쉬며 말했다.

"지금 저를 죽이려고 사람들이 뒤쫓아 오고 있어요. 저 좀 숨겨주세요."

둘째는 앞뒤 사정을 몰랐지만, 일단 그녀를 궤짝 안에 숨겨주었다. 잠시 후 칼을 든 장정 두 사람이 저만치에서 달려오고 있었다.

"이봐, 조금 전에 이 길로 젊은 여자 하나가 지나가는 거 못 봤나?"

우락부락한 장정들이 칼을 틀어쥔 채 묻자 둘째는 시치미를 떼고 대답했다.

"보다시피 나는 이놈의 무거운 궤짝을 짊어지고 가느라고 사람이 오가는 것을 신경 쓸 틈도 없었소. 여자고 남자고 간에 난 모르니 딴 데 가서 알아보쇼."

"정말 모르는 것 같은데? 시간 없으니 빨리 가자고!"

장정들은 서둘러 앞으로 내달렸다.

잠시 뒤 궤짝에서 나온 처녀는 눈물을 흘리며 둘째에게 감사 인사를 했다. 알고 보니 그녀는 부잣집 외동딸이었는데, 도적질한 장정들이 부모를 죽여 이제는 고아 신세가 되어 있었다.

"이젠 갈 데가 없습니다. 제발 절 데려가주세요."

눈물로 거듭 부탁하는 그녀를 둘째는 외면할 수 없었다. 결국 그녀가 지니고 있던 패물을 팔아 약간의 돈을 마련하여 함께 고향으로 향했다. 둘째는 형의 집 옆에 집을 지은 뒤, 처녀의 돈으로 땅을 사서 형과 함께 농사를 지었다.

피리 하나만 달랑 들고 떠돌던 막내는 아버지의 유산을 받들면 뭔가 좋은 일이 있을 것이라 믿고 눈만 뜨면 피리를 불었다. 그러다 보니 어느덧 피리의 달인이 되었다. 막내의 피리 소리를 듣고 눈물을 흘리지 않는 사람이 없었다.

어느 날, 막내는 깊은 산속을 지나다가 위험천만한 상황을 맞게 되었다. 호랑이 무리를 만난 것이다.

"이제 나는 영락없이 죽었구나!"

막내는 위급한 상황에서 벗어날 심산으로 무조건 나무 위로 올라갔다. 그런데 이 호랑이들이 어찌나 영리한지 서로 목말을 세워 점점 나무 위로 올라오는 것이었다. 막내는 이왕 죽을 바에는 피리나 한번 불고 죽자 생각했다.

이내 구슬픈 가락이 산중에 울려 퍼졌다. 그 순간 호랑이들은 슬픔에 잠겨 기력을 잃었다. 그 바람에 이제까지 쌓아온 목말이 스르르 무너졌다. 밑에 깔린 호랑이들은 목뼈가 부러지거나 다리가 부러져 꼼짝하지 못했다.

날이 새자 막내는 나무에서 내려와 죽은 호랑이의 가죽을 벗겼다. 그러고는 그것들을 가지고 산을 내려와 시장에 내다 팔았다. 그 돈은 생각보다 꽤 많았다. 막내는 그 돈을 챙겨 고향으로 돌아가 역시 땅을 사서 농사를 지었다.

결국 삼형제는 아버지가 남긴 유산 덕분에 모두 재물을 얻어 고향으로 돌아와 함께 살 수 있었다. 그들은 쉼 없이 땀 흘려 일해 훗날 아버지 못지않은 갑부가 되었다.

삼형제의 아버지는 성실하게 일해야 재물을 모을 수 있고, 또 그렇게 해야만 모은 재물을 지킬 수 있다는 진리를 지팡이와 궤짝과 피리를 통해 가르쳐준 것이다.

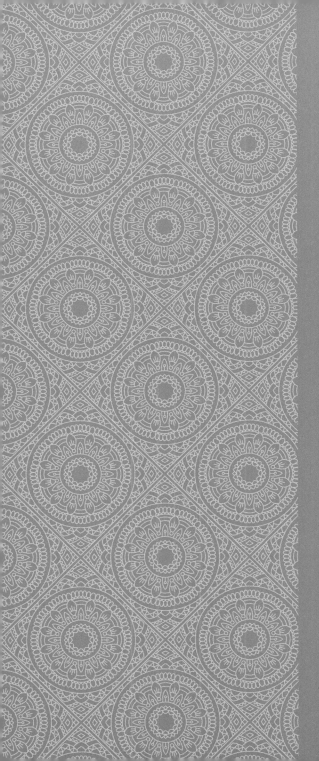

夫爲婦綱

부위부강

남편은 아내의
본보기가
되어야 한다.

夫
爲
婦
綱

序

　남편은 아내에게 모범이 되어야 한다는 것이 부위부강의 뜻이다. 이는 엄밀히 말해 과거의 봉건적 개념으로 해석된 뜻이라고 할수 있다. 다시 말해 한 가정의 결정권을 손에 쥔 사람은 남편이었으며, 부인은 그저 남편의 결정에 따라야 하는 입장이었다. 그래서남편이 모범적이어야 한다는 말이 나왔던 것이다.

　그러나 이제 세상이 바뀌었다. 일찍이 '여성 상위 시대'라는 말이 세간을 풍미하더니, 이제는 그 말 자체가 고리타분하게 들릴 정도로 여권이 신장되었다.

따라서 오늘날 부위부강이라는 말은, 남편과 부인이 서로 보필하고 존중해야 한다는 의미로 해석하는 것이 옳다.

흙에서 빚어진
남자와 여자

─

       세상에 아직 사람이 존재하지 않았을 때의 일이다. 그 무렵 하늘에서는 여러 신이 살고 있었다.

어느 날, 카메와 카샤라는 두 신이 하늘에서 땅을 굽어보며 이야기를 나누고 있었다.

"저 아래 보이는 세상도 얼마나 아름다운가?"

카메가 묻자 카샤가 대답했다.

"아름답고말고, 더구나 물과 흙과 공기가 모두 풍족하여 생명체가 산다 해도 부족함이 없을 거야."

"그래서 말인데, 우리가 저 땅에서 살 생명체를 만들어보는 건 어떻겠나?"

"오, 그거 좋은 생각이군! 그렇게 하세."

그리하여 두 신은 곧바로 생명체를 만들기 위해 땅으로 내려왔다. 두 신은 커다란 바위를 부숴 흙을 만들고, 다시 흙에 물을 부어 진흙을 만들었다.

"자, 이제 생명체의 형상을 만들어보세. 어떤 모양이 좋을까?"

두 신은 진흙으로 여러 형상을 만들어보았다.

수차례 시행착오를 겪다가 마침내 생명체의 모양이 완성되었다. 두 신은 우선 진흙을 동그랗게 만들어 머리 형상을 완성했다. 그리고 머리의 가운데를 잡아 빼서 코 형상을 만들어냈다. 코 위쪽으로는 두 개의 구멍을 뚫어 눈 형상을 만들고, 코 아래에다 손가락을 깊숙이 넣어 입 형상을 만들었다. 이렇게 해서 얼굴 형상이 완성되었다.

그다음 다시 진흙을 뭉쳐 몸통을 만들고, 미리 만들어놓은 머리를 갖다 붙였다. 그리고 마지막으로 몸통에다 팔과 다리를 각각 두 개씩 붙였다. 이로써 오체五體의 형상을 가진 사람 형상이 완성되었다.

"어떤가? 이 정도 형상이면 그래도 봐줄 만하지 않은가?"

두 신은 자신들이 만든 생명체의 형상을 보며 만족해했다. 그들은 생명체의 이름을 푸라고 명명했다. 그때 카메가 말했다.

"가만 있자. 생명체를 하나만 만들어놓으면 너무 심심할 게 아

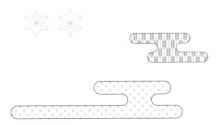

닌가? 더구나 앞으로 자손도 필요할 테니 암수를 만드는 게 어떻겠나?"

"오, 그것도 좋은 생각이군!"

그래서 카메는 푸의 가랑이 사이에 진흙으로 성기 형상을 만들어 붙였다. 이렇게 해서 푸는 남자가 되었다. 그다음, 푸와 흡사한 진흙 형상을 하나 더 빚은 다음 무라는 이름의 여자를 만들었다.

하지만 아직도 작업이 마무리된 것은 아니었다. 푸와 무는 사람의 형상을 갖긴 했지만, 숨을 쉴 수도 없고 몸 안에 피도 흐르지 않았다. 그리하여 두 신은 사람의 입에다 대고 숨을 불어넣었다. 그러자 푸와 무가 꿈틀거리며 숨을 쉬기 시작하더니 이내 몸 안에 피가 흐르기 시작했다.

두 신은 푸와 무에게 자식 낳는 방법을 가르쳐주었다. 먼저 음과 양의 성기가 결합하는 방법을 일러준 다음, 무에게는 자식 낳는 방법을, 푸에게는 자식 기르는 방법을 일러주었다. 이렇게 해서 푸와 무는 여러 명의 자식을 낳아 기르면서 세상을 살아갔다. 푸와 무가 이 땅에 생긴 이래로 사람들은 아주 오랫동안 세상에서 삶을 지속해갔다.

그러던 어느 날, 한 사람이 죽었다. 사람들은 그때까지도 죽음이라는 것이 무엇인지 전혀 모르고 있었기 때문에 너무 당혹스러워했다.

"이상하다. 숨을 쉬지 않아. 몸도 차갑게 식었어."

사람들은 죽은 자를 보며 그렇게 말했다. 그때 어디선가 발이 넷 달린 뱀이 나타나더니 이렇게 말했다.

"그렇게 놀랄 것 없어. 저 사람은 죽은 거야. 하지만 아직 저 사람 자식들이 살아 있고, 또 그 자식이 아이들을 낳게 될 것이고, 그러다가 보면 결국 세상에는 항상 사람들이 살게 될 테니 걱정하지 말라고."

뱀은 태연하게 말했지만 사람들은 이상하게 마음이 슬퍼졌다. 그래서 그 슬픈 감정을 달래기 위해 뱀에게 죽은 사람을 땅에 묻어달라고 부탁했다.

"좋아. 정 그렇다면 내가 죽은 사람을 땅에 묻어주지."

뱀은 사람들의 부탁을 들어주기로 하고, 죽은 사람을 땅에 묻기 위해 등에 업고 어디론가 사라졌다. 그랬더니 사람들의 슬픈 감정이 어느 정도 가라앉았다.

그 후 사람이 죽으면 장례라는 의식을 거행했다. 그리고 죽어서 땅에 묻힌 이는 다시 처음에 사람 형상이 만들어졌을 때처럼 흙으로 돌아갔다.

선견지명에
탄복한 아내

二

중국 전국 시대 정(鄭)나라의 철학자 열자(列子)는 매우 궁핍하게 살았지만 현실에 아랑곳하지 않고 학문에만 매진하였다. 그 때문에 그의 아내는 매일 한숨만 늘어갔다.

'쌀독에 쌀은 진즉 떨어졌고, 벼슬에 나설 생각은 하지 않고…… 이 일을 어쩌면 좋단 말인가.'

당시 주변에서는 열자의 학자다운 면모를 인정해주는 사람이 많았다.

"저토록 훌륭한 학자가 먹고사는 문제 때문에 학문을 소홀히 하게 된다면 그 얼마나 슬픈 일인가?"

열자를 가엾이 여긴 몇몇 사람이 재상 자양(子陽)을 찾아갔다.

"재상께서는 선비를 아끼고 존중한다는 말씀을 들었는데 그것이 사실입니까?"

"그렇소. 나는 참된 선비야말로 이 나라를 이끌어갈 재목이라고 생각하오."

"그럼 열자라는 사람의 명성을 들어보셨는지요?"

"물론이오. 그는 학식과 덕을 갖춘 매우 훌륭한 선비라고 할 수 있소."

"하지만 선비도 사람인 이상, 먹고 입지 않고는 연명해갈 수 없는 일이지요. 지금 그는 하루 끼니를 걱정하는 딱한 처지에 놓여 있는데 재상께서는 이 사실을 알고 계십니까?"

"이런, 나는 그가 그리 딱한 처지에 있는 줄 몰랐소."

"그에게 뭔가 실질적인 도움을 주셔야 합니다. 그래야 재상께서 진정 선비를 아끼고 존중한다 세상이 평가할 것입니다."

재상은 즉시 열자의 집으로 쌀과 비단을 보냈다.

열자의 아내는 뜻밖의 선물을 받고 기뻐서 어쩔 줄 몰라 했다.

"이렇게 고마우실 데가……."

반면, 열자의 표정은 굳어버렸다.

"갑자기 재상께서 무슨 일로 이것들을 보내셨소?"

재상이 보낸 사람 중 하나가 나서서 대답했다.

"얼마 전에 몇 사람이 찾아와 재상께 선생의 딱한 처지를 말씀드렸는데, 그 말을 듣고 재상께서 이것들을 보내신 것이오."

"감사합니다, 정말 감사합니다."

열자의 아내는 눈물까지 글썽였다. 그때 열자가 입을 열었다.

"이것들을 도로 가져가시오. 나는 이것들을 받을 만큼 형편이 어렵지 않소. 재상께는 마음만 고맙게 받겠다 전해주시오."

"아니, 여보! 지금 무슨 말씀이세요? 왜 이것들을 받지 않겠다는 거예요?"

열자의 아내는 펄쩍 뛰며 남편을 만류했으나, 그는 끝내 그것들을 받지 않았다.

사람들이 돌아가고 난 뒤에도 열자의 아내는 분이 가라앉지 않아 푸념을 털어놓았다.

"지금까지 난 학문하는 걸 방해하지 않으려고 살림이 어려워도 꾹 참고 생활해왔어요. 하지만 오늘 일은 너무한 것 아닌가요? 식구들이 굶어 죽든 말든 상관없다는 말인가요?"

평소 남편에게 대든 적이 없는 아내였다. 열자는 타이르듯 조용히 말했다.

"그렇지 않소. 난들 왜 가족들이 굶주리고 있다는 사실을 모르겠소?"

"그럼 왜 재상께서 내리신 물건을 돌려보냈나요?"

"생각해보시오. 만약 재상이 자연히 우러난 마음으로 그것들을 보냈다면 나는 기꺼이 받았을 것이오. 하지만 재상은 스스로 그것들을 보낸 게 아니오. 단지 남의 말을 듣고 그것들을 보낸 것이오. 이는 대단히 위험한 일이오."

"무엇이 위험하다는 말씀인가요?"

"남의 말에 마음이 기우는 사람은 신빙성이 없소. 지금이야 내게 선의를 베풀려 했다지만, 거꾸로 어떤 사람이 나를 음해하는 말을 한다면 어찌 되겠소?"

열자의 아내는 더 이상 말을 꺼내지 않았다.

몇 달 뒤, 정나라에 난이 일어났다. 난을 일으킨 사람들은 재상을 죽이고, 그와 연루된 이들을 모두 색출하여 형벌을 가했다.

만약 열자가 자양이 보낸 것들을 받았다면 그 역시 화를 면치 못했을 것이다. 난리 속에도 무사히 몸을 보전할 수 있게 되자 열자의 아내는 그제야 남편의 선견지명에 탄복했다.

세계 경제를 살린
말 한마디

三

미국의 제32대 대통령 프랭클린 루즈벨트는 부인의 말 한마디 덕분에 불황의 늪에서 세계 경제를 건져냈다. 1932년에 당선된 그는 세계 공황으로 허덕이던 미국 경제를 살리고자 '뉴딜정책'을 펼쳤다. 그의 성공적인 경제정책은 4회 연속 대통령 연임을 가능케 했다.

루즈벨트가 그토록 강인한 정신력으로 정책을 펼칠 수 있었던 것은 그의 부인 엘레나 루즈벨트 여사가 뒤에 있었기 때문이다. 그녀는 스무 살에 루즈벨트와 결혼하여 11년 동안 여섯 명의 아이를 낳았다. 그런데 그 아이들 중 한 아이가 그만 죽고 말았다. 그때 친구가 찾아와 위로의 말을 전했다.

"정말 안됐다. 아이 잃은 슬픔이 크겠지만 용기를 가져."

뜻밖에도 그녀는 친구에게 미소하며 말했다.

"나는 괜찮아. 아직 내겐 사랑할 수 있는 다섯 명의 아이가 있잖니? 그 아이들은 모두 내 사랑을 필요로 하고 있으니 나는 여전히 행복하단다."

이처럼 그녀는 어떠한 불행이 닥치더라도 너무 오래 비관하는 법이 없었다. 그녀는 늘 긍정적으로 생각하며 희망차게 생활하려 노력하는 여인이었다.

그녀의 긍정 마인드는 남편 루즈벨트에게도 전해졌다. 어느 날, 루즈벨트는 뜻하지 않은 사고를 당해 관절염을 심하게 앓았다. 열심히 치료를 했으나 결국 다리가 말라붙어 힘을 쓸 수 없는 지경에 이르렀다. 상체를 지탱할 수 없게 된 다리로는 걸어 다닐 수도 없었다. 결국 그는 쇠붙이를 대어 다리를 고정했고 외출할 때마다 휠체어를 이용했다.

루즈벨트는 자유롭게 걷지 못하게 된 처지를 몹시 비관했다. 그는 주위 사람들, 특히 아내에게 심한 자괴감을 느끼고 있었다. 어느 날 그는 아내에게 물었다.

"나는 이제 영원히 불구자가 되고 말았소. 당신은 이런 나를 아직도 사랑하오?"

아내 엘레나가 대답했다.

"당신을 사랑하냐고요? 그걸 말이라고 해요? 나는 당신이라는 사람을 사랑했기 때문에 결혼한 것이지, 당신 다리를 사랑했기 때문에 결혼한 게 아니에요."

다리 불구로 열등의식과 패배의식에 사로잡혀 있던 루즈벨트에게 엘레나의 이 한마디는 상당한 충격이었다. 루즈벨트는 아내의 말 한마디를 가슴 깊이 새기며 정치 여정을 다시금 시작했다.

결국 그는 불굴의 의지로 정치력을 발휘했고, 네 번이나 대통령직을 수행하며 미국을 초강국으로 이끌었다.

아내의
빈자리

四

17세기 후반에 역사상 가장 뛰어난 음악가를 탄생시킨 바흐의 가문. 이 집안은 200여 년에 걸쳐 50명 이상의 음악가를 배출했다.

바흐는 평생 바이마르, 쾨텐, 라이프치히 등 작은 지방에서만 살며 작곡에만 몰두했다. '바흐bach'는 독일어로 '작은 시냇물'이라는 뜻을 갖고 있다. 악성 베토벤은 바흐에게 이렇게 말했다고 한다.

"당신은 작은 시냇물이 아니에요. 광활한 바다라고 해도 오히려 모자랄 것입니다."

그만큼 바흐가 남긴 음악적 업적은 위대했다.

그는 음악에 한번 빠지면 일체 다른 생각을 하지 않았다. 그래서 집안일에 관해서도 아내에게 모든 것을 맡기고 전혀 관여하지 않았다. 그 때문에 작곡이나 오르간 연주를 방해하는 모든 일에 대해서는 그의 아내가 관할했다.

시간이 흘러 바흐의 아내가 세상을 떠났다. 그래서 바흐는 손수 장례식 준비를 해야 했다. 하지만 그는 집안일에 대해서는 거의 무지한 상태였으므로 어찌할 바를 몰라 하며 허둥댈 뿐이었다. 그때 장의사가 와서 물었다.

"장례를 어떻게 치를 것인지 말씀해주십시오."

그는 아무런 대답도 해줄 수가 없었다.

"절차를 어떻게 하실 거예요?"

장의사가 다시 다그쳐 묻자 바흐는 얼떨결에 이렇게 말해버렸다.

"미안합니다. 그 문제는 내 아내와 상의하세요."

게으른 남편
길들이기

五

　　매일 놀고먹는 남편이 있었다. 어디 아픈 데도 없고 건강해서 얼마든지 일을 할 수 있는데도 그는 아내만 믿고 날마다 빈둥거렸다.

　반면, 그의 아내는 천성이 부지런하여 잠시도 가만히 앉아 있는 법이 없었다. 그래서 남편이 게을러도 그녀가 벌어온 돈으로 집안을 꾸려갈 수 있었다.

　아내는 어떻게 하면 남편의 게으름을 고칠 수 있을지 늘 고민했지만 뾰족한 방법이 떠오르지 않았다.

　'그래도 하늘같은 남편이니 받들 수밖에……'

　아내는 늘 이런 식으로 넘기곤 했다.

어느 날, 남편이 다 해진 바지를 가리키며 새 바지를 만들어달라고 했다.

"내일 아침에 입고 나갈 거니까 서둘러 만들어주오."

아내는 외출했다가 들어오는 길에 옷감을 사 왔다. 그녀는 남편에게 물어보았다.

"어떤 모양으로 바지를 만들면 되겠어요?"

남편은 잠시 생각하는가 싶더니 이내 여기저기 구멍이 나서 허름해진 바지를 가리키며 시큰둥하게 말했다.

"그냥 지금 입고 있는 바지하고 똑같이 만들어주오."

"예, 그러죠."

아내는 빠른 손놀림으로 옷감을 재단하고 바느질을 해나갔다. 이윽고 바지가 완성되었다.

"역시 당신 솜씨는 최고요. 지금 입어봐야겠소."

"기다리세요. 마무리해야 하니까."

아내는 새 바지를 들고 밖으로 나갔다가 들어왔다.

"자, 이제 다 됐으니 입어보세요."

아내가 내민 바지를 보고 남편은 순간 말문이 막혔다. 새로 만든 바지는 지금 자신이 입고 있는 바지와 똑같이 여기저기 구멍이 나 있었기 때문이다. 아내가 마무리를 한다며 밖에 나가서 바지를 돌에 문질러 다 해지게 만든 것이다. 지금 입은 것과 똑같은 바지를 만들어달라고 말한 탓에 남편은 뭐라고 할 수가 없었다.

아내는 매사에 그런 식으로 남편을 길들였는데, 마침내 남편은 스스로 게으름을 내치고 성실한 사람이 되었다.

집안일을 업신여긴
남편의 봉변

六

노르웨이의 어느 마을에 한 부부가 살고 있었다.
남편은 성미가 아주 급하고 매사에 짜증을 잘 냈다. 남편이 짜증을
내는 이유는 아내가 하는 행동이 마음에 들지 않았기 때문이었다.
그는 항상 아내가 하는 일을 하찮게 여기고 자기가 하는 일만 대
단한 줄 알았다.

"그까짓 집안일이 뭐 어렵다고 그렇게 꾸물대나?"

남편은 집안일을 하는 아내를 보고 늘 이런 식으로 구박했다.

추수가 한창이던 어느 날이었다. 남편은 하루 종일 들에 나가 일
한 뒤 지친 몸을 이끌고 집으로 돌아왔다. 저녁상을 받자마자 그는
또 짜증을 부려댔다.

"고기가 너무 익었잖아? 수프는 또 왜 이렇게 싱거운 거야?"

아내는 이제 남편의 투정에 이력이 난 듯 한쪽 귀로만 듣고 흘려버렸다. 그래도 남편의 짜증이 계속되자 아내가 한 가지 제의를 했다.

"정 그렇게 내가 못마땅하면 당신이 집안일을 해요."

"뭐? 그럼 당신이 바깥일을 할 건가?"

"네, 우리 한번 서로 일을 바꿔서 해보자고요."

다음 날 아침부터 서로 일을 바꿔서 하게 되었다. 아내는 아침 일찍 낫을 들고 들로 나갔고, 남편은 집안일을 맡았다. 남편은 먼저 부엌에서 버터 만드는 일을 시작했다. 버터를 만들기 위해서는 우선 큰 통에다 우유를 넣고 한참 동안 휘저어야 했다.

"우유를 한참 저었더니 목이 마르군."

남편은 지하실로 내려가 맥주를 마셔야겠다고 생각했다. 지하실로 내려간 남편은 맥주 통의 마개를 따고 통을 기울여 구멍에 잔을 들이댔다. 맥주를 반 컵쯤 따랐을 때였다. 바로 머리 위에 위치한 부엌에서 뭔가 쿵쾅거리는 소리가 들렸다. 가만히 들어보니 돼지 소리였다.

"큰일 났네. 저놈의 돼지가 애써 만든 버터를 다 먹어치우는 건 아닌지 모르겠네?"

남편은 황급히 부엌으로 뛰어 올라갔다. 그러나 남편이 부엌에

도착했을 때 이미 물은 이미 엎질러진 후였다. 돼지는 치즈 통을 엎어놓은 채 바닥에 쏟아진 치즈를 먹어 치우고 있었다.

화가 머리끝까지 난 남편은 냅다 돼지의 배를 걷어찼다. 그러자 돼지는 꽥 소리를 내는가 싶더니 이내 죽어버렸다. 치즈 만드는 일도 망치고 아까운 돼지마저 잃고 만 것이다.

문제는 여기에서 그치지 않았다. 남편은 흥분을 삭일 즈음에 자신의 손에 맥주 통 마개가 쥐어져 있다는 사실을 깨달았다. 그는 부리나케 다시 지하실로 내려갔다. 하지만 지하실 바닥은 이미 맥주 통에서 쏟아진 맥주로 흥건히 젖어 있었다.

남편은 다시 큰 통에 우유를 담아와 버터를 만들기로 했다. 점심시간에 먹을 버터가 하나도 없었기 때문이다. 우유 젓는 일을 한참 동안 하다가 남편은 문득 젖소에게 아무것도 주지 않았다는 사실을 떠올렸다.

"젖소에게 풀을 먹여야 하는데 잊고 있었군."

그때 남편은 퍼뜩 한 가지 꾀를 생각해냈다. 젖소에게 풀을 먹이기 위해 멀리 들판으로 나갈 게 아니라 아예 집 근처로 데려와 풀을 먹인다면, 젖소를 감시하면서 버터 만드는 일을 계속할 수 있을 것만 같았다.

"집 근처에 풀 많은 곳이 어디 있지?"

젖소를 끌고 온 남편은 주변을 두리번거리다가 지붕 위를 쳐다

보니 잡풀이 무성했다.

"지붕 위의 풀을 먹이면 되겠군."

지붕에는 온통 풀이 덮여 있어 젖소가 실컷 먹고도 남을 정도였다. 물론 집은 언덕 바로 밑에 있었기 때문에 널빤지 한 장만 걸쳐놓으면 젖소를 바로 지붕 위로 올려놓을 수가 있었다.

시간을 보니 점심때가 다가오고 있었다. 버터는 아직 만들지 못했기 때문에 점심거리로 죽을 끓여야겠다 생각하고 냄비에 물을 부어 불 위에 올려놓았다.

죽이 조금씩 끓을 무렵 남편은 지붕 위에 있는 젖소가 굴러떨어져 목이라도 부러지면 어쩌나 걱정되었다. 그래서 밧줄을 꺼내들고 지붕 위로 올라가 한쪽 끝을 젖소의 목에 매고, 다른 한쪽은 굴뚝을 통해 부엌으로 나오게 했다. 그러고는 다시 부엌으로 돌아와 밧줄 한쪽을 자기 다리에 묶었다.

그러는 동안 냄비 안의 죽은 벌써 펄펄 끓고 있었다. 남편은 황급히 다가가 죽을 휘저었다. 그 순간 또 일이 벌어지고 말았다. 끝내 젖소가 지붕에서 굴러떨어진 것이다. 그 바람에 젖소는 지붕 위에 대롱대롱 매달리고, 남편은 젖소의 목과 연결해놓은 밧줄이 당겨져 거꾸로 매달린 채 굴뚝 속으로 빨려 들어갔다. 펄펄 끓던 죽은 부엌 바닥에 쏟아져 난장판이 되었다.

한편 들에 나갔다가 점심을 먹기 위해 집으로 돌아온 아내의 눈이 휘둥그레졌다.

"젖소가 왜 지붕 위에 매달려 있지?"

아내는 낫으로 젖소의 목에 묶여 있는 밧줄을 끊어버렸다. 그 순간 부엌에서 남편의 비명이 들려왔다. 아내는 깜짝 놀라 황급히 안으로 뛰어 들어갔다. 남편은 머리를 죽 냄비에 처박은 채 거꾸로 고꾸라져 있었다.

그런 봉변을 당한 이후, 남편은 집안일을 하는 아내에게 불만을 절대 늘어놓지 않았다.

아내를 껴안고 산
예술가

七

　이탈리아의 화가 모딜리아니는 36세로 요절한 천재 화가다. 그는 극도로 가난한 환경 속에서 살았다. 매일 빵을 걱정해야 할 정도로 가난했지만 예술적 정열만큼은 누구 못지않게 강했다.

　33세 때, 그는 처음으로 파리의 화랑에서 개인전을 열었는데, 전시된 작품 중 여러 나체 그림 때문에 경찰과 실랑이를 벌였다. 그의 작품에 묘사된 나부裸婦들이 지나치게 선정적이어서 미풍양속을 해친다는 이유 때문이었다.

　또한 여인의 나상裸像을 정면으로 묘사하거나, 음모 등을 사실적으로 표현한 작품들은 철거령까지 받았다고 한다.

그러나 그는 에로티시즘에 사로잡힌 선정적인 화가가 아니었다. 그는 개인전을 연 이후 음주와 아편 등으로 인해 결핵이 깊어지는 등 생활이 문란해지기는 했으나, 그것과 그림은 별개였다.

모딜리아니는 그림 속에서 여인들의 얼굴을 길쭉하게 늘여놓기도 하고, 눈을 도려내기도 했으며, 목을 길게 빼놓기도 했지만 이것은 인간 자체를 혐오했기 때문이 아니다. 그 반대로 애정의 예술적 표현이었다. 어디까지나 모딜리아니 자신의 현실과 환상 속에서 재창조된 작품이었던 것이다.

그는 만년에 만난 아내를 매우 사랑했다. 그의 그림들은 생전에는 인정받지 못해 매일 방탕한 생활을 이어가긴 했지만, 아내에 대한 사랑은 늘 그의 가슴을 뜨겁게 했다. 하지만 그와 아내의 사랑은 그리 오래가지 못했다. 모딜리아니는 깊어진 결핵을 치료하기 위해 파리의 한 자선병원으로 실려 갔다. 그는 그 병원에 입원해 있으면서 누군가와 대화를 나누던 중 이런 말을 했다.

"나는 지금까지 내 아내를 한 번도 내 가슴에서 떼어놓은 적이 없습니다. 나는 이제껏 아내를 꼭 껴안은 채 살아왔으며, 죽음이 있을지라도 우리 둘을 갈라놓지는 못할 것입니다."

이 말은 그의 아내의 귀에까지 들어갔다.

모딜리아니가 숨은 거둔 이튿날, 그의 아내는 마치 그의 말을 실천이라도 하듯 6층 창문에서 몸을 던졌다.

거위에게
배운 사랑

八

        베트남에서 예로부터 전해 내려오는 부부애 민담이다.

어느 사내가 자기 아내와 크게 싸우고 홧김에 집을 나와 농사일을 하고 있는 친구에게 찾아갔다.

"여보게, 잘 있었나?"

둘도 없이 친한 친구가 찾아오자 농부는 반갑게 맞아주었다.

"이게 얼마 만인가? 정말 반갑네. 어서 들어가세."

농부는 사내를 방으로 맞이하여 저녁상을 차려주었다.

"오늘은 늦었으니 우선 이걸로 때우게. 내일 아침에는 거위를 잡아서 아주 맛있는 요리를 만들어주겠네."

농부의 집에서는 오래전부터 거위 한 쌍을 기르고 있었는데, 특별한 손님이 오려면 잡아서 대접하려고 아껴두던 참이었다. 그때 마당에서 먹이를 먹고 있던 거위 한 쌍이 농부의 말을 엿듣고 말았다.

"여보, 주인이 지금 한 말 들었어요?"

"응, 나도 들었어."

"내일 아침에 우리를 잡는다고 하잖아요?"

"그러게 말이야. 이거 큰일 났는데."

거위 부부는 눈앞이 캄캄해졌다. 둘 중 하나는 죽게 될 운명이었다. '차라리 둘 다 한 번에 죽는다면 그래도 덜 절망적일 텐데' 하고 거위 부부는 각자 속으로 생각했다.

거위 부부는 맥이 빠져 비틀거리며 둥지로 향했다. 그때 사내는 잠이 오지 않아 밖으로 나와 마당을 서성거리다가 거위들이 힘없이 둥지 쪽으로 가는 것을 보고 이상하게 여겨 따라가 보았다.

"이를 어쩌죠? 이제 날이 밝으면 우리 둘 중 하나는 죽게 되었으니……."

거위들은 바닥에 축 늘어져 머리를 맞댄 채 고민에 빠져 있었다.

"이대로 죽을 수는 없지. 빨리 묘안을 찾아내야지."

남편 거위가 벌떡 일어나면서 말했다.

"내가 꼭 묘안을 찾아낼 테니 당신은 너무 걱정하지 말고 자구려."

하지만 아무리 생각을 짜내봐도 좋은 방법이 떠오르질 않았다. 한동안 끙끙 앓는 신음을 내며 고민하던 거위 부부가 거의 동시에 벌떡 일어나며 말했다.

"아무래도 내가……."

서로의 입에서 똑같은 말이 튀어나오자 거의 부부는 말을 하다 말고 서로 쳐다보기만 했다.

"주인에게 내가 죽겠다고 말해야겠어요."

아내 거위가 먼저 나머지 말을 맺었다.

"무슨 소리요? 당신은 앞으로 새끼들도 낳아야 하니 당연히 내가 먼저 가야지."

"당신이 없는데 새끼들은 낳아서 뭐하게요?"

거위 부부는 오랫동안 서로 죽겠다며 말싸움을 벌였다. 줄곧 이 광경을 지켜본 사내는 가슴이 뭉클했다.

'아, 짐승조차도 저렇게 죽음을 두려워하지 않고 서로를 감싸주는데…….'

사내는 자기 아내를 떠올렸다.

'진정 아내를 사랑하는 마음이 저 거위만도 못하단 말인가?'

사내는 너무 부끄러웠다. 그는 거위들에게 들키지 않으려고 슬그머니 뒷걸음질을 쳐서 방으로 돌아왔다.

이튿날 아침, 사내는 일찍 일어나 농부 친구를 깨웠다.

"이보게, 난 그만 가봐야겠네."

농부는 눈을 비비며 일어났다.

"이 새벽에 어딜 간다는 말인가? 가더라도 아침이나 먹고 가게. 어제 말한 대로 내가 거위 요리를 맛있게 해줄 테니."

사내가 얼른 손사래를 쳤다.

"아닐세. 나는 사실 거위 요리를 아주 싫어한다네. 그리고 내가 보기에 자네 집 거위들은 그냥 스스로 죽을 때까지 키우는 게 낫겠어. 내가 점을 좀 볼 줄 아는데 자네가 그 거위를 잡아먹으면 분명 몹쓸 병에 걸리고 말 걸세."

"그래? 자네가 아니었더라면 큰일 날 뻔했구먼. 난 그런 줄도 모르고 귀한 손님이 오면 한 마리씩 잡으려고 했었는데 말이야. 그런 사실을 알려줘서 정말 고맙네."

농부는 사내의 말대로 거위 부부가 제명이 다해 죽을 때까지 잡지 않았다.

사내 또한 그날 이후 다시는 아내와 다투지 않았으며, 웬만한 일은 아내에게 양보했다. 어쩌다 화가 나서 아내와 싸우다가도 그날 농부 친구 집에서 엿들은 거위 부부의 대화가 떠오르면 절로 화가 가라앉곤 했다. 참 이상한 일이었다.

사랑의
벼이삭

九

인도네시아 자바섬에서는 오랜 옛날에 있었던
남녀의 아름다운 사랑 이야기가 지금까지 전해져 오고 있다.

먼 옛날 하늘의 신에게는 매우 아름다운 공주가 하나 있었다. 공
주는 항상 구름 사이로 인간 세계를 내려다보면서 남몰래 한숨을
내쉬곤 했다. 인간이 되고 싶다는 욕망 때문이었다. 그녀는 지상에
서 남녀가 정답게 지내는 것을 몹시 부러워했으며, 자신도 처녀가
되어 한 남자의 사랑을 흠뻑 받고 싶었다.

한편 공주의 아버지인 천신은 이따금 하늘나라에서 노략질을
일삼는 마신魔神을 물리치기 위해 궁전을 비우곤 했다.

하루는 천신이 마신과의 싸움을 마치고 궁전으로 돌아왔다. 그

때 공주는 오래도록 혼자 궁전을 지키고 있었던 것에 대해 짜증이
나 있는 상태였다.

"혼자 있는 것을 무척 짜증스럽게 여기는 걸 보니 이제 너도 짝
을 찾아야 할 때가 된 것 같구나. 훌륭한 사윗감을 물색해보마."

아버지의 말을 듣자 공주는 지금이야말로 자신의 마음을 솔직
히 고백해야 할 때라고 생각했다. 공주는 마음을 다잡고 아버지에
게 말했다.

"제 남편감은 이미 제가 정했어요."

"오, 그러니? 그래, 그게 누구냐?"

"제가 마음에 두고 있는 남편감은 하늘나라에 있지 않고 저 땅에
서 살고 있어요."

"뭐라? 땅에 있다고?"

천신은 깜짝 놀라 되물었다.

"저 산 밑에서 열심히 밭일을 하고 있는 사람이 보이죠? 저는 저
남자와 결혼하겠어요."

천신은 단번에 잘라 말했다.

"절대 안 된다!"

"저는 무슨 일이 있어도 저 사람과 결혼할 거예요. 영원히 이 하
늘나라에 돌아오지 못한다 하더라도 말이에요."

딸의 결심을 꺾으려는 천신의 뜻 못지않게 공주의 결심 또한 대

단했다. 천신은 도저히 참을 수가 없어 큰 소리로 엄포를 놓았다.

"네가 끝까지 그런 소리를 지껄인다면 너를 벼로 만들어버릴 테니 그런 줄 알아라!"

공주는 지금까지 아버지가 이토록 화를 내는 것을 한 번도 본 적이 없었다. 하지만 그녀는 아버지의 말대로 비록 벼가 되는 한이 있더라도 그 남자 외에는 어느 누구와도 결혼하지 않겠다고 다시금 결심했다.

그 일이 있은 후, 천신은 본격적으로 사윗감을 찾아 나섰다. 그러나 공교롭게도 하필 그 바쁜 때에 마신이 나타나서 전보다도 더 극심하게 노략질을 일삼았다. 천신은 사위 찾는 일을 뒤로 미루고 마신을 대적할 수밖에 없었다. 궁전을 비우기 전에 천신은 딸을 불러 엄히 경고했다.

"내가 다녀올 동안 얌전히 기다리고 있거라. 내 말을 가볍게 여기면 넌 정말 벼가 될 테니."

그러나 공주는 아버지가 나간 뒤 곧바로 바람을 타고 땅으로 내려갔다. 그러고는 젊은 사내가 일하고 있는 밭으로 다가갔다.

"아니, 세상에 이렇게 아름다운 아가씨가 있다니?"

사내는 갑자기 나타난 공주의 모습에 눈이 휘둥그레졌다. 공주는 다소곳이 고개를 숙여 사내에게 말했다.

"저는 낭군님의 아내가 되고 싶습니다. 부디 거절하지 말아주세요."

"예? 그게 정말입니까?"

사내는 너무나 기뻐 공주에게 다가가 그녀를 꼭 안아주었다. 공주는 사내의 품에 안겨 행복감을 만끽했다. 두 사람은 서로의 마음을 확인하고는 기쁨에 들떠 들판이 울리도록 크게 웃었다.

그런데 그들의 웃음소리가 하늘나라까지 올라가 마신과 싸우고 있는 천신의 귀에까지 전해졌다. 깜짝 놀란 천신이 아래 세상을 내려다보니 딸이 어느 사내와 엉켜 웃고 있는 게 아닌가. 그는 마신과의 싸움을 접어두고 황급히 땅으로 향했다.

천신은 땅에 닿자마자 딸의 앞에 우뚝 서서 크게 호통쳤다.

"당장 하늘로 올라가거라!"

그러나 공주는 단호히 말했다.

"그럴 수 없습니다. 저는 이미 이분께 청혼을 했습니다. 저는 이제 사람이 되어 평생 이분과 함께 땅에서 살 거예요."

천신은 더 이상 딸의 고집을 꺾을 수 없음을 직감했다.

"이제 나도 어쩔 수가 없다. 네 마음대로 하거라. 하지만 일전에 경고했듯 너는 이제부터 벼가 되어 살아야 한다. 죽어서도 너는 다시 하늘나라로 올라올 수 없을 테니 그리 알아라!"

격노한 천신은 공주를 그 자리에서 벼로 만들고는 하늘로 올라가버렸다.

벼가 된 공주는 약하게 부는 바람에도 가냘프게 흔들렸다. 그 모습은 마치 사내에게 다가가려는 몸짓 같았다. 사내는 조심스럽게 손을 내밀어 벼 이삭을 어루만졌다. 그들은 언제까지고 그런 자세로 머문 채 움직이지 않았다.

하늘에서 이 광경을 지켜본 천신은 두 사람의 갸륵한 마음씨에 감동하고 말았다.

'아, 이럴 줄 알았으면 내 딸을 저 인간과 함께 살도록 해줄 걸 그랬구나. 하지만 이제 내 딸을 다시 이곳으로 불러올 수도 없고, 또 사람으로 만드는 것도 불가능해졌어. 음…… 저 인간도 벼로 만들어 영원히 둘이 함께 있도록 해주는 방법밖에는 없겠어.'

천신은 젊은 사내마저 벼로 만들었다. 그 순간부터 두 줄기의 벼는 바람이 불 때마다 서로 정겹게 몸을 비비며 떨어질 줄 몰랐다.

五倫

오륜

부모와 자식, 임금과 신하, 남편과 아내,
어른과 아이, 친구 사이에 지켜야 할 인륜

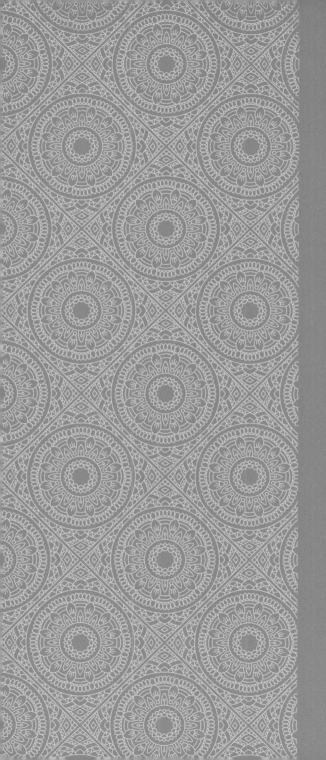

父子有親

부자유친

부모와 자식
사이에는
사랑이
있어야 한다.

父
子
有
親

　부모 자식 간에 사랑이 있어야 한다는 부자유친은 예나 지금이
나 교훈이 될 만한 말이다.

　그 옛날 백제를 세운 견훤은 아들이 반란을 일으키는 바람에 옥
좌에서 물러난다. 견훤은 고려 왕건에게로 투항하여 자기 아들을
죽여 원한을 풀어달라고 부탁한다. 모두 권력에 대한 욕심이 빚어
낸 비극이다.

　이런 비극은 오늘날에도 그치지 않고 있다. 몇 년 전에는 돈 많
은 아버지를 아들이 칼로 찔러 죽이는 사건이 일어났다. 더욱 비극

적인 것은 그 아들이 아버지를 죽이고도 죄책감을 느끼지 못한다
는 것이었다.

　물론 일부 몰지각한 사람들이 빚어낸 어이없는 사건이긴 하지
만, 아직도 부모 자식 간의 정이 무엇인지 모르는 이들이 있는 것
만은 확실한 듯하다.

상복 차림으로
노래를 부른 선비

—

　　조선 때 성종成宗은 자주 잠행에 나서 백성들의 생활을 몸소 살피곤 했다.

　한번은 야음을 틈타 궁궐을 빠져나와 산골 마을로 향했다. 인적이 드문 재를 넘어 산골 깊이 들어가니 오히려 불빛이 훤한 마을이 나타났다. 성종은 수하들을 뒤에 따르게 하고 천천히 마을 안으로 들어갔다.

　그런데 마을 한가운데로 들어서자 노랫소리와 울음소리가 함께 어우러진 괴이한 소리가 들려왔다. 성종은 이상히 여겨 그 소리가 나는 집 앞으로 다가갔다.

　성종은 그 집 앞에 이르러 뚫린 문구멍으로 방 안을 들여다보고는 적잖이 놀랐다. 희미한 호롱불이 켜진 방 안에는 조촐한 술상이 놓여 있었고, 상복을 입은 선비 하나가 상머리에 앉아 젓가락으로 장단을 두드리며 노래를 하고 있었던 것이다. 더구나 그 선비의 뒤에서는 중처럼 머리를 짧게 깎은 여자 하나가 장단에 맞춰 춤을 추고 있는 게 아닌가. 그뿐만이 아니었다. 술상 앞에는 이마에 주름살이 역력한 노파가 슬픈 표정으로 눈물까지 흘리고 있었다.

'도대체 이 무슨 해괴한 풍경이란 말인가!'

성종은 무슨 연유인지 궁금하여 그냥 지나칠 수가 없었다. 그래서 그 집 방문을 두드리고는 말했다.

"나는 지나가던 과객인데, 밤도 깊고 해서 이렇게 문을 두드렸소이다. 그런데 밖에서 듣자하니 참으로 해괴한 소리가 들리던데, 어찌하여 한쪽에서는 노랫소리가 들리고, 또 한쪽에서는 울음소리가 들렸던 것이오? 그 연유가 무척 궁금하구려. 내게 말씀해주실 수 있겠소?"

이내 문이 열렸으나 방 안에 있던 사람들은 무슨 큰 죄라도 지은 듯이 선뜻 입을 열지 않았다. 그러다가 상머리에서 눈물을 흘리던 노파가 자진해서 입을 열었다.

"누구한테라도 오늘 여기서 벌어진 일을 얘기해야만 내 속이 편할 것 같았는데, 마침 선비님이 그 까닭을 듣고 싶다 하니 내 말해드리리다. 사실 아까 노래를 부른 상제는 내 아들이고, 춤을 춘 저

아이는 내 며느리라오. 그리고 오늘이 내 환갑날이라 아들 내외가 나한테 잔칫상을 차려준다며 노래와 춤을 보여준 것이라오."

"아. 그렇습니까? 그럼 오늘은 기쁜 날인데 어르신께선 왜 눈물을 흘리고 계신 거요?"

성종은 더욱 이상하다 싶어 다시 물었다. 노파는 다시 눈물을 글썽이며 말했다.

"선비님도 내 며느리의 머리를 보셔서 아시겠지만, 저 애가 오늘 내 상차림을 해준다며 머리를 잘라 팔았다오. 보시다시피 이만한 상을 차리려면 적잖은 돈이 들었을 게 아니겠소?"

"흠…… 그런 사연이 있었군요?"

그런 까닭을 알자 성종은 가슴 한쪽이 미어지는 것 같았다.

"더구나 하객들도 부르지 못하고 조촐한 상을 마련하여 죄송하다며 저 아이들이 저토록 나를 즐겁게 해준다고 춤과 노래를 들려주니 내 어찌 눈물을 흘리지 않을 수 있겠소?"

성종은 그제야 그들의 행동을 충분히 이해했다.

"참으로 효자 효부이시구려. 그런데 아드님 되시는 분은 아직 나이도 젊은 듯한데 학업에 매진하여 과거시험을 보는 건 어떻겠소?"

성종은 그들의 아름다운 마음씨에 감동되어 당장이라도 재물을 하사하고 싶었지만, 지금은 잠행을 나온 처지임을 깨닫고 선비에게 그런 귀띔을 해주었다.

"하지만 저는 아직 올여름까지는 아버님의 상을 받들어야 할 몸이고, 집안 형편상 한가하게 책을 읽을 처지가 아니랍니다."

"그렇소? 그럼 내가 한 가지 소식을 전해드리리다. 듣기로는 올가을쯤 나라에서 특별하게 과거시험을 치러 인재를 뽑는다고 하오. 그러니 그대도 그 과거에 응시해보면 어떻겠소? 그리고 여기 몇 푼 안 되지만 내가 가진 것을 좀 나누어드릴 테니 살림에 보태도록 하시오."

성종이 금화가 담긴 주머니를 내밀자 선비는 극구 사양했으나, 그의 어머니는 하늘이 보내주신 은혜라며 감사히 돈을 받았다.

그 후, 선비는 부친의 상을 마치자 학업에 매진했다.

어느덧 가을이 왔고, 선비는 과거에 응시했다. 과거장에 앉아 시제를 받아든 선비는 눈이 휘둥그레졌다. 시제는 바로 '상가승무노인읍喪歌僧舞老人泣'이라는 것이었다. 즉 '상제는 노래를 하고, 중은 춤을 추며, 노인은 울고 있네'라는 뜻이었다. 몇 달 전 자신이 겪었던 일이 과거의 시제로 나왔으니 놀랄 수밖에!

과거장에 앉아 있던 다른 이들은 처음 보는 그 시제에 어떤 글을 지어야 하지 몹시 당황해하는 눈치였다. 하지만 선비는 지난날 자신이 겪었던 일을 떠올리며 매끄러운 글을 지어 올렸다.

결과는 뻔한 것이었다. 선비는 마침내 과거에 급제하였고, 더구나 그날 자신의 집을 찾았던 이가 바로 성종 임금이라는 사실도 알게 되었다.

성종은 선비에게 말했다.

"그대의 효성은 만백성들이 귀감으로 삼아야 하겠기에 내 일부러 오늘의 자리를 마련한 것이다. 이제 그대는 어머니를 위하는 마음으로 백성들을 위해 일해주기 바란다."

그 후 선비가 더욱 큰 효심으로 어머니를 받들고, 백성들을 위해 큰일을 했음은 두말할 나위 없다.

유배지에서도
어머니를 생각한 아들

二

　　서포西浦 김만중金萬重은 부모를 생각하는 정이 남

달랐다.

　그는 병자호란 때 강화도에서 순직한 김익겸의 아들이었는데,

당시 어머니 윤씨는 김만중을 임신하고 있었다. 전란 중에 남편이

순직하자 그의 어머니는 다섯 살 난 큰아들을 데리고 강화도를 빠

져나와 김만중을 낳았다.

　어머니는 두 아들을 성심껏 키웠다. 궁색한 살림이었지만 자식

들을 위해 책을 사는 데는 돈을 아끼지 않았다. 돈이 떨어지면 책

을 빌려다가 종이에 베껴주어 읽혔다.

　어느 날, 김만중의 집으로 책 장수가 찾아왔다. 그는 가져온 책

을 김만중의 형제 앞에 펼쳐놓았다.

"형님, 여기 춘추좌씨전이 있네요!"

김만중은 반가운 듯 책을 들어 보이며 형에게 큰 소리로 말했다.

"그렇구나! 정말 읽고 싶었던 책이었는데, 이렇게 구경하게 되었구나."

형도 반가움에 목청을 돋워 응답했다. 하지만 두 형제는 이내 서로 눈짓을 주고받더니 목소리를 낮췄다. 방에서 나온 어머니가 말없이 두 아들의 대화를 듣고 있었기 때문이다.

"그런데 춘추좌씨전도 대충 읽어보니 대단하지도 않군."

"그렇죠? 형님, 우리가 지금까지 이 책을 너무 과대평가한 것 같아요."

형제는 일부러 《춘추좌씨전》에 관심이 없는 것처럼 꾸며댔다. 가난한 살림인지라 이처럼 비싼 책을 살 수 없음을 뻔히 알고 있었기 때문이다. 그러나 어머니가 이들의 속마음을 모를 리 없었다.

"지금 너희들은 무슨 말을 하고 있느냐?"

잠자코 있던 어머니가 버럭 소리를 질렀다.

"춘추좌씨전이라고 하면 중국에서도 훌륭한 문학 작품을 모아놓은 책인데, 너희들이 그것을 모른단 말이냐?"

"아닙니다. 저희가 왜 그것을 모르겠습니까?"

두 아들은 황황히 어머니에게 고개를 조아리며 말했다.

어머니는 얼른 방으로 들어가 그동안 틈틈이 짜오던 무명 한 필을 들고 나오더니 책 장수에게 건네며 말했다.

"이건 아주 귀한 옷감입니다. 이걸 드릴 테니 그 책을 주십시오."

두 아들은 그만 눈물을 흘리고 말았다. 그 무명을 시장에 내다 팔아야 당장 끼니를 이을 수 있음을 잘 알았기 때문이다.

어머니는 아들들에게 책을 주며 말했다.

"대장부가 눈물을 그리 흔히 보여서야 어디다 쓰겠느냐? 앞으로 읽어야 할 책이 얼마나 많을 터인데 이까짓 책 한 권 때문에 눈물을 흘린다면 어찌 큰사람이 될 수 있겠느냐?"

그 후 김만중은 28세 때 장원 급제하여 벼슬에 오른 뒤 대사헌, 대제학 등을 지냈다. 형 김만기金萬基는 벼슬이 정2품에 이르렀으며, 1674년에는 그의 맏딸이 숙종의 비가 되었다.

김만중은 대제학에 있을 때 희빈 장씨의 일가를 비난한 일로 선천 지방으로 유배당했다. 이듬해 희빈 장씨가 왕자를 낳자, 이를 축복하는 사면 명단에 끼어 유배에서 풀려났다. 하지만 그 후에도 숙종이 중전 인현왕후를 내쫓고 희빈 장씨를 중전으로 책봉한 것에 반대한 죄 때문에 다시 남해로 유배되었다.

김만중은 유배지에서도 평소 이야기를 좋아하는 어머니에게 효도한다는 마음으로 소설을 썼다. 선천 지방에 유배되었을 때는 그 유명한 《구운몽九雲夢》을 지었고, 남해에 유배되었을 때는 《사씨남

정기(謝氏南征記)》를 지었는데, 이 작품이 인현왕후의 생애를 그린 작품이었다.

한편 김만중은, 우리의 문학은 마땅히 한글로 쓰여야 한다고 주장하며 한문 소설을 배격했다. 이 일은 허균(許筠)의 뒤를 이어 획기적인 전기(轉機)를 마련한 사건이었다. 즉, 김만중 이후 고대소설의 황금기를 여는 데 초석이 되었던 것이다.

아버지를 도운
딸의 효성

三

보물 제850호 대동여지도大東輿地圖는 유물로서 잘 알려진 데 반해, 이 지도를 만든 김정호金正浩에 대해서는 알려진 내용이 많지 않다. 하지만 그가 대동여지도를 만들기 위해 30년에 걸쳐 전국을 세 차례나 답사했고, 백두산을 일곱 번이나 등정했다는 내용은 유명하다.

어린 시절, 황해도 산골에서 태어난 그는 한양으로 이사 와 살면서 서당 친구로부터 우연히 받은 지도 한 장이 계기가 되어 전국지도를 만들겠노라 결심한다.

이때부터 그는 평생을 바쳐 지도 제작에 몰두한다. 청년기에 이르렀을 때, 그는 지도 제작에 필요한 수학이나 측량 공부를 마치고, 괴나리봇짐을 짊어진 채 유랑생활을 시작한다.

　결혼도 한 몸이어서 쉬운 결단은 아니었을 것이다. 하지만 지도를 그리겠다는 결심에는 변함이 없었다. 어느 때는 사람 그림자도 보이지 않는 첩첩산중에서 맹수들의 울음소리를 들으며 밤을 새웠고, 갑자기 내린 폭설로 눈에 파묻혀 죽어가다가 사냥꾼에게 발견되어 겨우 목숨을 건지기도 했다. 그러는 동안 그의 아내는 외동딸과 함께 삯바느질과 방아품을 팔며 어렵게 살림을 꾸려갔다.

　김정호는 몇 달에 한 번, 어느 때는 겨우 일 년에 한 번 정도 집에 돌아오곤 했다. 그나마도 머무는 시간이 길지 않았다. 또한 살림이 궁색하여 기름진 음식 한번 제대로 먹을 수 없는 처지였다. 그러니 건강이 좋을 리 만무했다. 먹는 것도 부실하고 허구한 날 한뎃잠을 자니 몸이 견딜 수가 없는 지경이었다.

　아닌 게 아니라 한번은 심하게 병이 들어 집으로 찾아왔다. 아내는 속이 상해 울음을 터뜨리고 말았다. 변변히 약 한 첩 쓸 수 없는 현실이 너무 야속했다. 그래서 공연히 남편의 화만 돋웠다.

　"이제 그 지도 그리는 일은 집어치워요! 지도를 그린다고 쌀이 나와요, 돈이 나와요? 왜 그렇게 남들이 알아주지도 않는 일에 매달려서 가족들을 힘들게 하는 거예요?"

　아내는 그동안 가슴에 묻어두었던 말을 쏟아버렸다. 김정호는 병석에 누워 고개를 돌린 채 눈물을 흘렸다.

그날 저녁, 하루 종일 안 보이던 외동딸이 손에 꾸러미 하나를 쥐고 귀가했다.

"얘야, 손에 든 게 뭐니?"

어머니가 물었다.

"아버님께 드릴 약을 지어왔어요."

"뭐라고? 네가 돈이 어디 있어서? 아니, 네 머리가……."

어머니는 딸이 머리에 두르고 있는 수건을 보고는 돈의 출처를 짐작했다.

"머리는 다시 기르면 돼요. 그보다는 아버님이 빨리 나으셔야죠."

며칠 후, 김정호는 딸의 효성이 듬뿍 담긴 약을 먹고 다시 일어났다. 건강을 추스른 뒤 다시 길을 떠나려는 그를 아내는 거의 매달리다시피 하며 말렸다. 그러나 그의 집념을 막을 수는 없었다.

그렇게 또 몇 년이 흐른 뒤에야 김정호는 그동안 모은 방대한 자료를 가지고 집으로 돌아왔다. 이제부터 자료를 토대로 본격적인 지도 작업에 들어갈 생각이었다. 김정호는 의욕에 불타고 있었다. 그러나 막상 집에 돌아와 보니 자신을 기다리는 것은 온통 슬픈 일들뿐이었다. 아내는 병을 이기지 못해 저세상 사람이 되어 있었고, 딸은 그 사이 시집을 갔으나 소박을 맞고 돌아와 혼자 집을 지키고 있었다.

"제 타고난 운명이 그것밖에 안 되니 어쩌겠습니까? 저는 앞으

로 아버님 일을 돕겠습니다. 허락해주세요."

　김정호는 딸에게 어떤 말을 해주어야 할지 몰랐다. 하지만 딸의 말대로 타고난 운명은 어쩔 수 없는 일이었다. 자신이 지도에 미쳐 전국 산천을 떠도는 것도 그의 운명이고, 딸이 온전히 시집생활을 못하고 돌아온 것도 그녀의 운명이었다.

　"알겠다. 그렇게 하자꾸나."

　이렇게 해서 부녀는 본격적으로 지도를 만드는 작업에 들어갔다. 김정호는 하루 종일 방에 들어앉아 하나하나 지도를 그려나갔다. 그 사이 딸은 밖으로 나가 돈을 벌어 아버지 뒷바라지를 했다.

　그렇게 몇 년이 흐른 뒤에야 지도가 완성됐다. 완성된 지도에는

'대동여지도'라는 이름을 붙였다. 이 지도는 전국 산천의 지명과 모양새, 성지城地 등을 망라하고 있어 정치와 경제, 국방 등에 유용하게 사용될 수 있었다. 아직 조선에 서양의 지도학이 들어오기 전의 일로, 가히 우리 지도학을 대성시킨 역작이었다.

그러나 김정호가 일생을 바쳐 완성한 대동여지도는 그가 살아 있을 때 인정받지 못했다. 당시에는 개인이 지도를 만들지 못하도록 되어 있을 뿐만 아니라, 자신이 그린 대동여지도 22첩을 복사하여 흥선대원군에게 바치자 그 정밀함에 놀란 조정 대신들이 국가의 기밀을 누설하였다는 죄명으로 그를 옥에 가두었던 것이다. 그리고 지도를 새긴 판목도 불살라버려 어렵사리 만든 60여 점의 지도 판목 가운데 현재 12점만이 남아 있다.

대원군은 김정호를 나라의 기밀을 누설한 대역 죄인으로 못 박고, 그의 배후와 지도를 만들게 된 내막을 끝까지 추궁하라고 명했다. 결국 김정호는 감옥에서 계속되는 고문을 이기지 못하고 숨을 거뒀다.

그의 장사는 딸이 치렀다. 그녀는 평생을 바쳐 쌓아온 부친의 훌륭한 업적이 언젠가는 빛을 보게 될 것이라고 믿으며, 아버지의 명복을 빌었다.

원숭이 엉덩이가
빨간 이유

四

어느 마을에 평생 노랑이짓을 하여 재산을 많이 모은 노부부가 살고 있었다. 그들에게는 집에서 부리는 하녀 하나가 있었는데, 비록 얼굴이 못생겨 나이가 찰 때까지 시집은 못 갔지만 마음이 비단결 같아 마을 사람들의 칭찬이 자자했다.

어느 날, 저녁 무렵이 다 되어 허름한 옷차림을 한 노파가 구두쇠 영감 집에 들어와 밥을 구걸했다.

"찬밥이라도 좋으니 한 덩이만 주시오."

노랑이 영감이 그걸 들어줄 리 만무했다.

"이런 망할 할망구가 있나! 손 하나 까딱하지 않고 남의 밥을 먹으려고 하다니. 썩 꺼져라!"

그때 그 소리를 듣고 부엌에서 밥을 먹고 있던 하녀가 나왔다.

"주인어른, 그만 노여움을 푸시고 들어가세요. 제가 알아서 이 할머니를 돌려보낼게요."

"알았다. 그런데 너 이 할망구한테 쉰밥 한 톨이라도 주면 안 된다."

"예, 알았어요."

그러나 워낙 정이 많은 하녀는 주인이 사라지자마자 부엌으로 들어가 자기가 먹던 밥을 가져와 노파에게 주었다.

"할머니 죄송해요. 제가 먹던 밥이지만 이거라도 가져가서 드세요. 자, 어서 가세요."

하녀는 주인이 나올까 봐 얼른 밥을 주고는 대문을 닫으려고 했다.

"잠깐, 이렇게 고마운 처자가 있나. 내가 그냥 갈 수 없지."

"아네요. 주인어른이 나오면 저까지 혼나니 어서 가세요."

"내가 꼭 전해줄 말이 있으니 그것만 전하고 가마. 처자는 며칠 뒤에 저 앞에 보이는 산속으로 들어갈 일이 생길 거야. 그 산속에 가면 작은 옹달샘이 하나 있는데 그 물로 세수를 하도록 해. 그러면 반드시 좋은 일이 생길 테니까. 알았지?"

그 말을 남기고 노파는 홀연히 사라졌다.

며칠 뒤, 정말 노파의 말대로 산속에 들어갈 일이 생겼다. 안주인이 하녀를 불러 나물을 캐 오라고 시킨 것이었다.

하녀는 바구니를 끼고 산으로 들어가 나물을 캔 뒤, 옹달샘을 찾아보았다. 정말 그 산속에는 맑은 옹달샘 하나가 있었다. 그녀는 노파가 시킨 대로 그 물을 떠서 세수했다. 그랬더니 이상한 일이 벌어졌다. 옹달샘에 비친 그녀의 얼굴이 너무나 아름다워진 것이었다.

"세상에 어떻게 이런 일이……."

하녀가 집으로 돌아오자 노랑이 부부는 깜짝 놀라 호들갑을 떨었다.

"이게 어찌 된 일이냐? 네 얼굴이 갑자기 왜 이렇게 예뻐진 게야?"

그 후로 동네 총각들의 청혼이 잇달았다. 그중에는 돈 많은 부잣집 도령도 끼어 있었다. 그러자 노랑이 부부는 마음이 달라졌다.

"여보, 우리 저 아이를 수양딸로 삼읍시다. 그러면 앉아서 떼돈을 벌 수 있을 거 아니오?"

"나도 그 생각을 했었는데 마침 당신이 그 말을 꺼내는군. 그렇게 합시다."

그렇게 하녀는 노랑이 부부의 양딸이 되었다. 그들의 양딸이 된 뒤에도 그녀는 성실히 양부모를 섬겼다.

어느 날, 노랑이 영감이 다정하게 그녀를 부르더니 물었다.

"얘야, 이 아비가 궁금한 게 있어서 하나 묻겠는데, 네가 요즘 그렇게 예뻐진 비결이 뭐냐?"

그녀는 양아버지의 물음에 서슴없이 대답했다.

"전에 산으로 나물을 캐러 갔을 때 옹달샘에서 세수 한 번 한 것밖에는 없어요. 그 후로 제 얼굴이 이렇게 변했답니다."

"오, 그래? 옹달샘에서 세수를 했다고?"

그 말에 영감은 귀가 번쩍 뜨였다.

두 내외는 곧장 산속으로 들어가 옹달샘 물로 세수를 했다.

"이제 우리도 세상에 둘도 없는 미남 미녀가 되겠지?"

그러나 그들의 바람과는 달리 이상한 일이 벌어지고 말았다. 갑자기 얼굴에 부스럼이 나면서 벌겋게 달아오르기 시작한 것이다.

"아이고 가려워."

두 사람은 점점 전신으로 퍼지는 가려움증을 견디지 못해 손톱을 세워 이곳저곳을 마구 긁어댔다. 급기야 그들의 온몸에 털이 생기면서 얼굴도 원숭이의 형상으로 바뀌어버렸다.

"우리가 속았어. 앙큼한 계집 같으니……."

두 사람은 이를 갈며 산을 내려와 집으로 향했다.

한편 집에 혼자 남아 있던 그녀는 늦도록 돌아오지 않는 양부모를 기다리며 대문 밖에서 서성이고 있었다. 그때 일전에 밥을 구걸하던 노파가 나타나 말했다.

"얼른 몸을 피해. 지금 처자 양부모가 원숭이로 변해서 달려오고 있어. 곧 처자를 죽이려고 달려들 거야."

"예? 제 어머니 아버님이 저를 죽여요?"

"그래. 그러니 어서 마당으로 들어가 모닥불을 피워놓으라고. 어서!"

그녀는 영문을 몰랐지만 우선 노파가 시키는 대로 했다. 그랬더니 잠시 후, 정말 두 내외가 원숭이 형상을 하고서 눈을 부릅뜬 채 달려오고 있었다. 두 사람은 금방이라도 그녀를 잡아먹을 기세였다.

그런데 이내 뜻밖의 상황이 벌어졌다. 그녀에게 무작정 달려들던 두 내외는 그녀가 몸을 살짝 옆으로 피하자 달려오는 탄력을 제어하지 못하고 그만 모닥불 위에 엉덩방아를 찧었던 것이다.

"앗 뜨거워!"

두 사람의 엉덩이는 털이 모두 타고 살도 벌겋게 익어버렸다.

너무 놀란 두 내외는 허겁지겁 산속으로 돌아가 옹달샘 물로 엉덩이를 식혔다.

그 후 몇 년이 지났다. 원숭이로 변한 두 사람은 좀처럼 산 밑으로 내려오지 않았다. 자신들의 몰골이 너무 흉해 세상으로 나올 수가 없었던 것이다. 더구나 그들은 산속 짐승들조차 자기들의 흉한 엉덩이를 볼까 봐 나무 위에서도 내려오지 않았다.

사람 못지않은
동물들의 자식 사랑

五

조선 영·정조 때의 실학자 이덕무李德懋가 지은
책《청장관전서靑莊館全書》에는 원숭이와 족제비가 각각 자기 새끼
를 사랑하는 마음이 잘 드러난 글이 있다.

어느 해인가 조선의 정조사正朝使 일행이 새해를 맞이하여 중국
에 신년 축하사절로 북경에 갔다가 돌아왔다. 그때 사절단과 동행
한 상인 하나가 돌아오는 길에 어미 원숭이를 한 마리를 사 가지
고 왔다. 그 원숭이는 암컷이었는데, 새끼를 배고 있었다.

조선 땅에 도착한 원숭이 어미는 얼마 지나지 않아 새끼를 낳았
다. 새끼는 너무 귀여웠다. 상인이 보기에 그 큼직하고 초롱초롱한
눈이 얼마나 귀여웠던지 늘 곁에 두고 보고 싶었다.

상인은 이런저런 방법을 연구하다가 뾰족한 방법이 생각나지 않아, 그냥 새끼 원숭이를 겉저고리 소매 속에다 넣어 가지고 다니기로 했다. 그러다가 끼니때가 되면 집으로 돌아와 소매에서 새끼를 꺼내 어미에게 젖을 물리곤 했다. 어미 원숭이는 상인이 자기 새끼를 끔찍이 귀여워해주는 것을 아는지 자기 품에서 떠나 있어도 그다지 슬퍼하는 기색을 보이지 않았다.

그런데 하루는 자기 새끼가 그리웠는지 상인의 소매를 잡아끌며 꺼내달라는 시늉을 했다. 상인은 이내 어미의 의도를 알아채고 소매에서 새끼를 꺼내주었다. 그랬더니 어미는 신이 나서 새끼를 어깨에 목말을 태운 채 덩실덩실 춤을 추듯 돌아다녔다.

그때였다. 하늘에서 빙빙 돌고 있던 솔개 한 마리가 원숭이의 행동을 줄곧 지켜보더니 한순간 땅으로 쏜살같이 내려왔다. 그러고는 목말을 타고 있던 새끼 원숭이를 낚아채 하늘로 올라가버렸다. 너무나 순식간에 벌어진 일이라 어미 원숭이는 물론 옆에 있던 상인도 미처 손을 쓰지 못했다.

그 일 이후, 어미는 새끼를 잃은 슬픔에 젖어 며칠 동안 먹지도 자지도 않았다. 그 꼴골이 하도 딱해서 상인이 원숭이에게 말을 걸며 위로해주었다.

"네 새끼는 이제 아주 가버린 모양이구나. 나도 마음이 아프지만, 어쩌겠느냐? 이제 그만 포기하고 기운을 차리거라."

하지만 원숭이는 여전히 초췌한 표정으로 하늘만 쳐다볼 뿐이었다.

어느 날, 어미는 어디선가 닭 한 마리를 잡아 가지고 들어왔다. 상인은 그것을 보자 이제야 어미가 기운을 차릴 모양이라고 생각했다. 그런데 그게 아니었다.

어미 원숭이는 잡아온 닭의 털을 모두 뽑더니 그것을 먹지 않고 예전에 자기 새끼에게 그랬던 것처럼 목말을 태우듯 머리에 이고 마당을 빙빙 도는 것이었다. 상인은 무언가 짚이는 게 있어 얼른 하늘을 올려다보았다. 아닌 게 아니라 하늘에는 예전에 그 솔개가 다시 나타나 하늘을 맴돌고 있었다.

그러기를 수십 분이 지나자 마침내 솔개가 하늘에서 쏜살같이 내려왔다. 그러자 어미 원숭이는 바짝 긴장한 채 꼼짝 않고 기다렸다가 솔개가 가까이 다가오자 재빨리 팔을 휘둘러 솔개를 낚아챘다. 어미는 땅에 팽개쳐진 솔개를 두 팔로 꽉 움켜쥐고는 끝내 물어 죽이고 말았다.

이튿날 새벽, 상인이 아직 잠자리에 있을 때를 틈타 어미 원숭이도 스스로 목을 매어 죽었다.

이 얼마나 슬픈 일인가. 비록 원숭이는 짐승이지만 사람이나 다름없지 않은가. 새끼를 잃고 식음을 전폐하며 슬픔에 잠겨 있던 어미 원숭이는 오로지 새끼의 원수를 갚을 일만을 생각했던 것이다.

그리고 그 뜻을 이루자 자신의 목숨마저 기꺼이 던져버린 이 원숭이를 여느 못된 심보를 가진 사람에 비할 수 있겠는가.

　족제비의 새끼 사랑도 이에 못지않으니, 그 내용은 이렇다.
　족제비 두 마리가 어느 집 창고 옆에다 구멍을 내고는 그 안에서 새끼들과 함께 살고 있었다.
　어느 해 여름, 장맛비가 그치고 모처럼 해가 나온 날이었다. 어디선가 큰 구렁이 한 마리가 나타나더니 족제비가 살고 있는 구멍 안으로 기어 들어갔다. 그러고는 족제비 집에 있던 새끼들을 한 입에 삼켜버리고 나왔다. 어미 두 마리는 마침 먹이를 구하러 밖에 나가 있던 참이었다.
　밖에서 돌아온 족제비 어미는 슬픔을 누르지 못했다. 주위를 둘러본 족제비 어미는 그것이 구렁이의 소행임을 알았다. 족제비 집에서 멀지 않은 곳에 배를 채운 구렁이가 누워 있었기 때문이다. 그것을 보자 어미 두 마리는 구렁이를 쏘아보며 복수를 다짐했다.
　어미들은 복수를 위해 우선 구렁이 앞에다 땅을 파기 시작했다. 깊이와 폭이 구렁이가 들어갈 만한 크기였다. 그 모양새는 흡사 대나무의 홈통 같았는데, 그것을 한껏 길게 파 들어갔다.
　구멍을 다 판 뒤 어미들은 그곳으로 구렁이를 유도했다. 이윽고 구렁이가 천천히 기어와 족제비 어미들이 파놓은 땅으로 들어갔다. 구렁이는 그 구멍 안에 갇혀 꼼짝할 수가 없었다. 몸이 꼭 끼어 앞으로 나갈 수도 뒤로 물러날 수도 없게 되었던 것이다. 구렁이는 구멍에서 빠져나오려고 안간힘을 썼지만 속수무책이었다.

어미 족제비들은 몸을 움직이지 못하는 구렁이의 머리와 꼬리 양쪽 끝을 깨물어 죽였다. 그러고는 구멍 안에서 구렁이를 꺼낸 다음 배를 갈랐다.

구렁이 배 안에는 네 마리의 새끼 족제비가 상처 하나 없이 웅크리고 있었다. 가만히 보니 아직 숨이 붙어 있었다. 어미들은 새끼들을 깨끗한 곳에 누인 뒤 온몸을 핥아주었다. 새끼들이 점점 회생할 기미를 보이자 어미들은 번갈아가며 콩잎과 계장초를 부지런히 물어왔다. 콩잎을 바닥에 깐 다음 새끼들을 눕히고, 계장초로 겹겹이 덮어주었다.

어미들은 새끼들의 주둥이에 계장초 잎사귀를 대고 그 기운이 몸에 전해지도록 입김을 불어넣었다. 시간이 지나자 이윽고 새끼들이 하나둘 깨어나 꿈틀거렸다.

짐승도 결코 새끼들을 포기하지 않는 갸륵함이 있으니 이 역시 사람의 마음과 다를 것이 없지 않은가.

폭군을 몰아낸
부녀

六

중국 동한 시대 말엽, 겨우 아홉 살 난 헌제_{獻帝}가
즉위하자 포악한 동탁_{董卓}은 스스로를 재상이라고 일컬으며 권력
을 휘둘렀다. 동탁의 부패한 정치로 인해 백성들의 생활은 날이
갈수록 비참해졌다.

동탁에게는 여포_{呂布}라는 양아들이 있었는데 그의 용맹은 천하
가 두려워할 정도였다. 어느 날, 동탁이 여러 대신을 연회에 초대
했다. 그런데 여포가 황급히 연회장으로 뛰어 들어오더니 동탁에
게 귓속말로 무언가를 속삭였다.

"뭣이? 그게 사실이냐?"

동탁은 여포의 귓속말이 끝나자마자 연회장에 있던 장온_{張溫}이

라는 대신을 밖으로 끌고 가게 했다. 그리고 이내 장온의 잘린 머리가 쟁반 위에 올려져 들어왔다. 동탁은 아무렇지도 않은 듯 오히려 미소하며 말했다.

"저자가 나를 살해할 계획을 꾸미고 있다는 정보가 들어왔기 때문에 어쩔 수 없이 처형한 것뿐이오. 너무 개의치 말고 연회를 계속합시다."

연회장에 모인 사람들은 혼비백산한 표정을 감추지 못했다. 특히 노신 왕윤王允은 자신의 친구가 눈 깜짝할 사이에 살해된 것을 보자 슬픔과 분노를 누르지 못했다.

왕윤은 집으로 돌아와서도 슬픔에 젖어 밤늦도록 정원을 거닐었다. 그때 정원의 나무 옆에서 양딸인 초선貂蟬의 한숨 소리가 들려왔다. 왕윤이 다가가 까닭을 묻자 초선은 더욱 흐느끼며 대답했다.

"아버님께서 나랏일을 걱정하여 잠을 이루지 못하는 것을 보니 제 마음이 너무 아픕니다."

왕윤은 초선의 효심에 감격하여 자신의 근심을 솔직하게 들려주었다.

"너도 알겠지만 지금 세상은 저 포악한 동탁과 여포 때문에 모든 백성이 수렁에 빠져 있다. 동탁을 제거할 길은 여포와의 사이를 이간질하는 것이 가장 효과적일 것 같은데 좋은 방법이 떠오르질 않는구나."

초선이 잠시 생각하더니 이내 결연한 표정으로 말했다.

"저는 아버님의 근심을 덜어드리는 일이라면 언제든지 목숨이라도 내놓을 각오가 되어 있습니다. 저도 아버님의 뜻에 따를 것이니 언제라도 저를 불러주세요."

딸의 말에 왕윤은 가슴이 아팠다. 하지만 나라를 구하는 길이라면 자신도 이미 죽을 각오가 되어 있었다. 딸은 이미 아버지의 의중을 헤아리고 있었던 것이다.

왕윤은 곧바로 자신이 계획한 일을 실행에 옮겼다.

날이 밝자 왕윤은 술과 요리를 준비하도록 한 뒤 여포를 집으로 초대했다. 초대에 응한 여포가 자리를 잡고 앉자 초선이 눈부시게 치장한 채 다가왔다.

"아니, 저런 미인이……."

초선은 첫눈에 여포의 마음을 사로잡았다. 옆에서 지켜보고 있던 왕윤이 재빨리 여포를 부추겼다.

"제 딸인데 마음이 있다면 부디 거두어주십시오."

여포는 속으로 이게 웬 횡재인가 싶었다. 여포는 그 자리에서 초선과의 혼인을 약속했다.

며칠 후 왕윤은 다시 동탁을 집으로 초대했다. 지난번과 마찬가지로 맛난 음식을 준비하고 초선을 무희들과 어울려 춤추도록 했다. 동탁 역시 초선의 미모에 반했다. 왕윤은 기다렸다는 듯이 동탁에게 다가가 넌지시 말했다.

"제 딸이 마음에 드신다면 댁으로 데려가서 시중을 들게 하셔도 좋습니다."

동탁 역시 기쁨을 감추지 못한 채 그 길로 초선을 데리고 갔다.

다시 며칠이 지난 어느 날이었다. 여포는 동탁에게 보고할 일이 있어 그의 집으로 찾아갔다. 그런데 동탁의 침실에서 낯익은 얼굴이 어른거렸다. 자세히 보니 초선이었다. 여포는 그 길로 왕윤에게 달려가 멱살을 부여잡았다.

"이미 나는 초선과 약혼한 사이인데 어째서 그녀가 아버지 침실에 가 있는 거요?"

왕윤이 짐짓 놀라는 표정을 지으며 말했다.

"무슨 말씀입니까? 동탁 승상께서 장군과 직접 혼인을 시키겠다며 초선을 데리고 간 거요. 그럼 장군께서는 그 사실을 몰랐단 말이오?"

"뭐라고? 내 아버지가……."

여포는 할 말을 잃었다. 그리고 너무 분해 속이 부글부글 끓었다.

'명색이 아버지라는 자가 어찌 자식의 여자를 침실로 끌어들인단 말인가!'

여포는 그 생각만 하면 잠이 오지 않았다. 시간이 지날수록 초선에 대한 생각이 더욱 간절해졌다.

여포는 더 참을 수가 없어 동탁이 외출한 틈을 타서 몰래 초선을 만났다. 참으로 오랜만에 여포는 초선과 회포를 풀었다. 그런데 뜻밖으로 동탁이 일찍 귀가하는 바람에 두 사람 사이가 들통 나고 말았다.

여포와 초선이 껴안고 있는 광경을 본 동탁은 칼을 빼 들고 달려들었다. 생명의 위협을 느낀 여포는 황황히 왕윤의 집으로 내뺐다. 왕윤은 허겁지겁 찾아온 여포에게 말했다.

"이제 동탁은 장군을 죽이려들 것입니다. 장군이 살고자 한다면 먼저 동탁을 죽이는 수밖에 없습니다."

여포도 왕윤의 말에 공감하고 있었다. 여포는 끝내 자신의 양아버지인 동탁의 목을 베고 말았다. 그리고 여포 역시 아버지를 죽인 무뢰한이라는 오명을 뒤집어쓴 채 천하를 떠도는 신세가 되었다.

결국 죽음을 각오한 왕윤과 초선 덕분에 천하를 흩뜨린 동탁과 여포는 한꺼번에 축출될 수 있었다.

앞일을 점치는
거북 아들

七

　　　아주 오랜 옛날, 어느 농촌 마을에 노부부가 살고
있었다. 그들은 비록 자식은 없었으나 금실이 매우 좋았다.

　어느 날, 여느 때와 마찬가지로 남편은 들로 일하러 나갔다. 부
인은 베를 짜다가 점심때가 가까워지자 그물을 들고 강으로 고기
를 잡으러 나갔다. 물고기를 잡아 찌개를 끓일 생각이었다.

　그런데 그날따라 이상하게 고기가 그물에 걸리지 않았다. 평소
에는 그물을 던졌다 올리면 고기가 한 소쿠리씩 나왔었다.

　"참, 이상한 일이네. 왜 한 마리도 안 잡히지?"

　부인은 고개를 갸웃거리며 다시 그물을 던졌다. 그러기를 수차
례 거듭했고, 마침내 뭔가 그물에 걸리는 느낌이 들었다.

"오, 이제야 한 마리 걸렸나 보군. 묵직한 걸 보니 꽤 큰 놈 같은데."

부인은 서둘러 그물을 걷어 올렸다.

"아니, 이게 뭐야?"

그물에 낚인 것은 물고기가 아니라 거북이었다. 거북은 큰 눈을 껌벅이며 부인을 쳐다보았다. 그 모습이 너무 애처로워 부인은 거북을 놓아주었다. 그리고 자리를 옆으로 옮겨 다시 그물을 던졌다. 그런데 이내 다시 그 거북이 그물에 걸려 올라왔다.

"오늘은 정말 이상한 날이네. 잡히라는 고기는 안 잡히고 왜 자꾸 거북만 걸리는 거지?"

이번에도 부인은 거북을 놓아주고는 또 그물을 던졌다. 하지만 역시나 그 거북이 걸려들었다.

"안 되겠군. 오늘은 고기 잡는 걸 포기해야겠어."

부인은 거북을 놓아주면서 그물을 걷어 집으로 돌아가려고 했다. 그런데 갑자기 등 뒤에서 거북이 말을 걸었다.

"저를 세 번씩이나 살려주시다니, 정말 마음이 어진 분이시네요. 제가 비록 미물이지만 그 은혜를 꼭 갚겠습니다. 그러니 저를 데려가서 키워주세요. 저를 놓아주신 뒤 멀리 달아나려 해도 자꾸 그물에 걸려든 걸 보니 용왕님께서 저를 부인께 보내신 것 같습니다."

부인은 사람 말을 하는 거북을 보자 깜짝 놀랐다. 하지만 거북의 말이 전혀 터무니없게 들리지는 않았다. 오늘 따라 고기가 한 마리도 잡히지 않은 일 하며, 놓아준 거북이 세 번씩이나 다시 걸려든 것 따위가 모두 이상했다. 어쩌면 거북의 말대로 평생 아이 없이 살아온 노부부를 위해 만년에나마 자식을 거느린 즐거움을 느껴보라고 용왕께서 특별히 이 거북을 보낸 건지도 모를 일이었다.

그렇게 생각한 부인은 거북을 데리고 집으로 돌아와 남편에게 자초지종을 설명했다. 그러자 남편도 매우 기뻐하며 거북을 자식으로 여기며 잘 키워보자고 했다.

그 뒤로 노부부는 거북을 정성껏 길렀다. 그런데 나중에 보니 이 거북은 앞일을 예언할 줄 아는 신통력을 갖고 있었다.

어느 날, 거북이 아버지와 어머니에게 말했다.

"머지않아 큰비가 내려 홍수가 날 겁니다. 온 나라가 물에 잠길 것이니 서둘러 뗏목을 만들어두세요."

"그럼 큰일이지. 어서 서둘러야겠구나."

거북의 예언이 틀리지 않는다는 사실을 익히 알고 있던 노부부는 시키는 대로 뗏목을 준비하고 식량도 챙겨두었다.

며칠 뒤, 비가 내리기 시작하더니 일주일이 지나도록 그치질 않았다. 처음에는 강물이 넘쳐 논밭이 잠기더니 급기야 온 나라가 물에 잠기고 말았다.

"애야, 네 말을 들어서 우리가 살았구나. 부모를 살렸으니 효자가 따로 없구나."

노부부는 자신들의 목숨을 구해준 거북이 대견스러웠다.

"아니에요. 어머니 아버지, 이제부터 물이 다 빠질 때까지 살아남는 일이 더 중요해요. 지금부터 제가 물속으로 들어가 뗏목이 움직이지 않도록 밧줄을 묶은 다음 잡고 있을 거예요. 만약 위험한 일이 생기면 밧줄을 당기세요. 그러면 제가 얼른 올라오겠습니다."

거북은 그렇게 말한 뒤 밧줄을 물고 물속으로 들어갔다.

노부부는 이 난리에 목숨을 건진 것만으로도 다행이라고 여기며 물이 빠질 때까지 뗏목 위에서 지내고 있었다. 그런데 하루는 저만치에서 호랑이 한 마리가 떠내려오고 있었다.

"저 좀 건져주십시오. 살려주신다면 결코 은혜를 잊지 않겠습니다."

호랑이가 애원하자 남편은 밧줄을 당겨 거북을 올라오게 한 다음 호랑이를 뗏목 위에 태워도 되는지를 물었다.

"호랑이는 살려줘도 괜찮겠네요."

거북은 그 말만 남기고 다시 물속으로 들어갔다. 그런데 호랑이를 구해주자 또 큰 뱀 하나가 떠내려오더니 구해주면 은혜를 갚겠다고 애원했다. 노부부는 이번에도 거북에게 물어본 뒤 뗏목 위로 올려주었다.

이튿날, 이번에는 젊은 사내 하나가 떠내려오면서 살려달라고 소리쳤다. 이번에도 노부부는 거북을 불러 상의했다.

"글쎄요? 사람은…… 하지만 이제 곧 물이 빠질 겁니다."

거북은 명확하게 대답하지 않았다. 그러나 노부부는 곧 물이 빠
진다는 말을 듣고 사내를 구해주었다.

"뗏목에서 잠시만 있으면 살 수 있는데 구해주지 않을 수가 없지."

그리고 얼마 뒤 거북의 예언대로 비가 그치더니 이내 물이 빠졌
다. 세상은 다시 예전의 모습을 되찾았다. 뗏목 위에서 지내던 노
부부와 호랑이, 뱀, 사내가 모두 무사히 땅을 밟았다. 그들은 노부
부와 거북에게 감사의 말을 전하고는 각기 제 갈 길로 떠났다.

몇 달 뒤, 나라의 왕비가 이웃 나라를 방문하고 돌아오다가 날이 저물어 어느 절에서 하룻밤을 묵게 되었다. 그런데 그날 밤 숲속에서 호랑이가 나와 왕비의 패물함을 훔쳐 도망갔다. 그 호랑이는 바로 지난번 홍수 때 노부부가 구해준 호랑이였다.

호랑이는 훔친 패물함을 가지고 노부부에게 찾아가 은혜를 갚는 것이라며 전해주었다. 노부부는 패물을 받아들고 즐거워했다.

한편 궁중에서는 왕비의 패물함을 찾기 위해 군사를 풀어 수색에 나섰다. 수색대는 마침내 노부부의 집에까지 찾아왔다.

"패물함을 찾았다. 이런 도둑놈들! 당장 이 늙은이들을 묶어서 끌고 가라!"

이렇게 호령하는 수색대장은 다름 아닌 지난 홍수 때 노부부가 살려준 사내였다.

노부부는 졸지에 감옥살이를 하게 되었다. 그런데 역시 일전에 목숨을 구해준 뱀이 그 소식을 듣고 한밤중에 궁궐로 들어갔다. 뱀은 몰래 왕비의 침실로 들어가 자고 있는 그녀의 눈을 물어 독을 퍼뜨렸다.

왕비가 장님이 되자 왕은 크게 상심하여 왕비의 눈을 뜨게 하는 자에게는 큰 상을 내리겠노라 했다. 하지만 전국의 명의들이 모두 다녀갔으나 왕비의 눈을 뜨게 하지 못했다. 의원뿐만이 아니라 심령술에 능한 사람이나 역술인, 심지어 무당이나 농부까지 다녀갔지만 허사였다.

어느덧 이 나라에 살고 있는 사람들은 모두 한 번씩 궁궐에 다녀가고, 마지막으로 감옥 안에 있는 노부부만이 남게 되었다. 왕은 할 수 없이 두 사람을 부르기로 했다.

한편 왕비의 눈을 물어 독을 퍼뜨린 뱀은 왕이 노부부를 부르기 전에 몰래 감옥으로 들어가 눈을 뜨게 할 해독제를 주었다. 뱀은 노부부에게 약을 주면서 이제야 은혜를 갚게 되었다며 기뻐했다.

이튿날, 왕비는 노부부가 준 해독제를 먹고 눈을 떴다. 왕은 약속대로 노부부에게 큰 상을 내렸다.

노부부가 큰 부자가 되어 집으로 돌아오는 날, 거북은 미리 예견한 듯 마을 밖까지 마중을 나와 말했다.

"아무리 똑똑하고 잘난 사람이라도 정이 많은 사람에게는 당하지 못하는 법이지요."

그 후 노부부는 부자로 살면서도 거북을 세상 그 누구보다도 훌륭한 자식으로 여겼다고 한다.

君臣有義

군신유의

임금과 신하
사이에는
의리가
있어야 한다.

君臣有義

序

임금과 신하 간에도 질서와 예의가 있어야 한다는 것이 군신유의이다. 임금이라고 함부로 신하를 욕보이거나 참한다면 그는 폭군으로 불릴 것이다. 일찍이 중종반정中宗反正은 폭군에 항거한 신하들이 일으킨 난이었다.

오늘날 역시 대통령이 마음대로 권력을 휘둘러 나라를 다스린다면 결국 그 끝은 파국으로 끝나게 마련이다.

우리는 10·26이라는 비극적인 역사를 보았다. 부하가 대통령을 시해하는 참상이 왜 일어났겠는가. 그것은 상하 질서와 상호 질서

가 무너진 것도 한몫했다. 세계 어느 나라도 상하가 반목한 가운데
잘된 역사를 이룩한 예는 없었다.

폭군에게도
충성을 다한
신하

一

    조선 시대 연산군燕山君이 즉위한 해, 과거 급제하여 벼슬길에 오른 문신 중 우암寓菴 홍언충洪彦忠이라는 사람이 있다.

  홍언충은 학식이 뛰어나 명나라에 사신으로 다녀오기도 했으며, 나중에 대제학의 벼슬에까지 올랐다. 연산군도 즉위 초기에는 그의 학식과 재능을 인정하여 두루 중책을 맡겨 국사를 보게 했다.

  그러나 연산군이 실정을 거듭하자 홍언충은 자주 바른 소리로 상소를 올리곤 했다. 그것이 신하의 도리라고 여겼던 것이다. 아무리 아끼던 신하라도 자신을 비난하는 글이 수없이 올라오는 데는 참을 수 없는 법. 더구나 연산군이 자신의 어머니로 인해 점점 포악해지는 상황에서 충신의 바른 소리가 귀에 들릴 리 없었다.

연산군은 계속되는 홍언충의 상소에 분노를 참지 못하고 그에게 심한 고문형을 내렸다. 연일 고문이 가해지는 바람에 온몸에 멍이 시퍼렇게 든 홍언충을 보다 못해 어느 날 그의 친구 하나가 옥으로 찾아와 말했다.

"자네 그 몰골이 뭔가? 왜 세상을 그렇게 어렵게 살려고 하는지 모르겠구먼. 자네가 그저 입만 다물고 있으면 아무 문제가 없을 텐데 왜 고생을 사서 하는가? 이제 그만 고집을 꺾고 전하에게 용서를 구하게나."

친구의 말이 끝나자 홍언충은 벼락처럼 소리를 내질렀다.

"그 입 닥치게! 임금이 바른 길을 가지 않는 것을 뻔히 보고서도 입을 다문다면 어찌 제대로 된 신하라고 할 수 있겠는가? 나는 스스로 간신배가 되기는 싫으니 썩 물러가게."

홍언충은 끝내 자신의 뜻을 굽히지 않았다.

얼마 뒤, 연산군은 갑자사화甲子士禍로 불리는 대대적인 숙청 작업을 단행했다. 자신의 어머니인 윤씨의 복위를 반대하는 신하와 선비들을 부관참시剖棺斬屍, 죽은 자의 관을 꺼내 시체의 목을 잘라버리거나 거리에 내거는 일하고 그들의 가족까지도 처벌하는 일대 파란이 일어났던 것이다.

이때 홍언충도 사화를 당해 멀리 진안鎭安으로 유배를 가게 되었다. 그는 귀향생활을 하면서도 연산군의 폭정을 바로잡아야 한다는 일념뿐이었다. 하지만 이제는 자신의 목숨이 다되었음을 직감했다. 동시에 자신이 섬기던 임금의 치정도 이제는 막다른 곳에 이르렀음을 느끼고 몹시 슬퍼했다.

얼마 뒤, 조정에서 어명을 받든 사신이 내려왔다.

"아, 이제 내 명도 다한 모양이구나. 끝내 주군의 선정을 못보고 눈을 감는 것이 안타까울 뿐이다."

홍언충은 연산군이 있는 궁궐을 향해 절을 올렸다. 그러나 뜻밖으로 사신의 어명은 사약을 받으라는 것 대신 급히 귀환하라는 내용이었다. 알고 보니 연산군의 폭정을 견디다 못한 뜻있는 신하들이 반란을 일으켜 새로운 임금을 추대한 것이었다. 이른바 중종반정이 일어난 것이다.

소식을 접한 홍언충은 눈물을 흘렸다. 새로 즉위한 중종이 자신을 불러 목숨을 구해준 것이 고맙기 때문이기도 했지만, 섬기던 연산군이 끝내 바른 정치를 하지 못한 것이 애석했기 때문이다. 연산군이 폭정을 휘두른 것에 대해 신하인 자신이 바르게 섬기지 못한 책임도 크다고 생각했던 것이다.

홍언충은 다시 출세의 길이 열렸으나 굳이 벼슬을 사양했다. 아무리 포악한 임금일지라도 한 번 섬긴 주군에게 신의와 충성을 다해야 한다는 게 그의 신념이었기 때문이다. 그는 고향으로 내려가 책을 읽으며 조용히 여생을 마쳤다.

이심전심으로
통한 군신

二

        태조太祖 왕건王建이 고려를 건국할 당시 맹활약한 공신 중 유금필庾黔弼이라는 장군이 있었다. 특히 그는 북방 민족들에게는 호랑이로 불릴 만큼 무서운 존재였다. 당시 고려의 상황은, 남에서는 후백제의 견훤이 호시탐탐 침략을 노리고 있었으며, 북에서는 오랑캐의 침입이 빈번하여 왕건의 근심이 적지 않았다.

  이러한 때에 왕건은 유금필에게 군사 3천 명을 주면서 오랑캐를 수습하라고 명했다. 유금필은 마군장군馬軍將軍에 임명되어 북쪽 골암진으로 출정했다. 그곳에서 유금필은 큰 싸움을 벌이지도 않고 오랑캐 수백 명을 복종시켰다. 예전부터 유금필의 명성을 알고 있던 북방인들이 그가 나타나자 기가 죽어 감히 대들 생각을 못했던 것이다.

그는 북방 변경에 머물며 2천여 명에 달하는 오랑캐들에게 항복을 받아냈으며, 과거에 오랑캐의 땅으로 끌려갔던 고려인 수천 명을 다시 불러들였다.

그 무렵, 왕건은 몸소 '삼년산성 충북 보은'을 공격하였으나 패배하여 청주로 후퇴하는 일이 벌어졌다. 그러자 견훤은 장수들을 보내 청주를 공략하도록 명했다. 왕건은 곤경에 빠져 움직일 수 없는 처지가 되었다.

그 무렵 유금필은 밤에 꿈을 꾸었다. 꿈에서 몸집이 우람한 거인이 나타나더니 그에게 말했다.

"내일 청주에서 난리가 일어날 것이니 어서 그곳으로 가라!"

유금필은 깜짝 놀라 잠에서 깨어났다.

"아무래도 불길한 징조다!"

그는 곧바로 군사를 이끌고 청주로 달려갔다. 그랬더니 아닌 게 아니라 왕건이 위기에 처해 있는 것이었다. 그는 후백제군의 뒤를 공격하여 득기진이라는 곳에 이르러 장수 여럿과 군사 300명을 사로잡는 전과를 올렸다. 물론 왕건은 유금필의 공격에 힘입어 무사할 수 있었다.

이는 군신 君臣 사이에 이심전심이 통한 일화로써 전해지고 있다.

즉, 왕건과 유금필이 평소 얼마나 끈끈한 정을 가슴속에 품고 있었는지를 말해주는 것이라 하겠다.

한번은 이런 일도 있었다.

왕건이 유금필에 대해 총애를 아끼지 않자 이를 시기한 대신들이 그를 모함하는 사건이 벌어졌다. 왕건은 고민 끝에 유금필을 곡도로 유배를 보냈다. 이는 왕건이 유금필을 못 믿어서가 아니라 신하들 사이에 불신이 조장될 것을 우려하여 내린 결정이었다. 곡도는 지금의 백령도로, 그때에는 뱃길로 열네 시간이나 걸리는 먼 곳이었다.

그런데 그 이듬해 겨울에 후백제가 고려의 대우도를 공격하여 약탈을 감행하는 사건이 벌어졌다. 왕건은 수차례 장수들을 보내 이를 막으려 했으나 번번이 실패하고 돌아오는 바람에 여간 고민스러운 게 아니었다.

이 소식을 전해 들은 유금필은 비록 유배지에 와 있는 죄인의 몸이었지만 나라의 변란을 보고도 가만히 있는 것은 신하의 도리가 아니라며 군사를 모으고 전함을 수리하여 후백제군을 공격했다. 유금필의 공격을 받은 후백제군은 대패하여 서둘러 자기 나라로 돌아갔다.

이 싸움으로 유금필은 다시 왕건의 곁으로 돌아올 수 있었다. 예전에 그를 시기하던 신하들도 전공戰功을 세우고 돌아오는 유금필을 막을 수 없었다. 오히려 왕건은 그의 공로를 인정하여 정남대장군征南大將軍이라는 벼슬을 내렸다.

그 후로도 유금필은 한시도 왕건의 안위를 걱정하지 않은 적이 없었다. 또한 왕건의 심중을 정확히 읽어 임금이 원하는 일을 스스로 찾아 해결하곤 했다. 왕건은 그런 유금필의 충정을 치하하곤 했는데 그때마다 그는 겸손하게 고개를 숙였다고 한다.

"신하 된 몸으로서 이 정도의 일도 하지 못한다면 어찌 올바르다 하겠습니까?"

어느덧 세월이 흘러 이제 유금필도 노구의 몸이 되었으나 임금을 향한 충절은 조금도 변함이 없었다.

한때 고려의 점령지였던 후백제 땅 나주를 되찾기 위한 싸움에도 유금필은 노구를 이끌고 출전했다. 그때 왕건은 유금필의 나이를 생각하여 출전을 말렸으나 그는 끝내 자기 고집을 꺾지 않았다. 왕건은 유금필을 도통대장군都統大將軍으로 임명하고, 예성강까지 몸소 배웅을 나갔다. 유금필은 나주를 되찾은 것은 물론이고, 후백제를 완전히 정벌할 때까지 많은 공적을 남겼다.

훗날 유금필이 죽었을 때, 왕건은 그에게 충절忠節이라는 시호諡號를 내려주었다. 이는 '충성스런 절개'를 의미하는 것이었다.

왕을 속이고도
칭찬받은 신하

　　三

　　당나라 태종 이세민李世民은 세 차례에 걸쳐 대군을 이끌고 고구려를 침공하였으나 모두 실패하고 돌아갔는데, 그 무렵의 일이다.

　이세민은 고구려를 치기 위해 친히 30만 대군을 이끌고 요하에 도착했다. 강을 건너야 고구려 땅에 닿을 수가 있는데 날씨가 좋지 않았다.

　"저렇게 바다가 요동을 치니 어떻게 우리 대군이 무사히 건널 수가 있겠는가? 아마 바다를 건너기 전에 모두 고기밥이 될 터이니 물결이 잔잔해질 때까지 기다리도록 하자."

　태종은 무섭게 소용돌이치는 바다를 바라보며 감히 건너갈 생각을 하지 못했다. 그때 장군 설인귀薛仁貴가 나서서 말했다.

"그래도 바다를 건너야 합니다. 지금 대군이 먹을 식량도 며칠 분밖에 남지 않았습니다. 시간을 지체하다가는 병사들의 사기가 떨어질 것입니다."

하지만 태종은 고개를 가로저었다.

"그렇다면 오늘 하루만이라도 기다려보자. 싸워보기도 전에 고기밥이 될 수는 없지 않느냐?"

태종의 고집을 꺾지 못한 설인귀는 곰곰이 생각하다가 계책 하나를 꾸몄다. 그는 태종에게 공포심을 덜어주기 위해 배에다 호사한 장막을 치고 연회를 베풀었다.

"폐하, 어차피 오늘 밤은 바다를 건너지 못하게 되었으니 마음껏 즐기시지요. 제가 술과 음식을 준비했습니다."

"오, 그래. 역시 내 마음을 알아주는 사람은 장군뿐이군."

태종은 거듭 술을 마셨고, 이내 곯아떨어졌다.

이튿날, 태종은 흔들리는 침대에서 떨어져 잠이 깨었다.

"아니, 왜 이렇게 침대가 흔들리지?"

태종이 장막을 거두고 밖으로 나와 보니 그때는 이미 배가 바다 한가운데를 지나고 있었다. 그리고 간밤의 풍랑은 언제 그랬냐는 듯 잔잔해져 있었다.

태종은 그제야 자신이 설인귀의 계략에 걸려들었다는 사실을 알게 되었다. 설인귀는 무릎을 꿇고 태종에게 고했다.

"신하로서 폐하를 속인 죄는 죽어 마땅하옵니다. 어서 제 목을 치소서!"

그러나 태종은 잔잔해진 바다를 둘러보며 말했다.

"아니다. 내가 너무 소심했던 것 같구나. 풍랑도 멎었고, 시간을 벌었으니 오히려 일이 잘되었구나. 그만 일어나거라."

태종은 친히 설인귀를 부축해 일으켰다. 그러고는 의문스런 표정으로 물었다.

"그런데 내가 간밤에 술을 마시던 곳이 어디였느냐?"

"황송하옵니다만, 배 위였습니다. 배를 육지에다 꽁꽁 묶어 흔들림이 없게 한 뒤 호사한 장막으로 위장하여 육지에 지어진 막사인 것처럼 했던 것입니다."

그 말을 듣고 태종은 슬그머니 미소를 지었다.

"허허, 내가 철저히 당했구나."

설인귀가 왕을 속인 죄는 있으나, 그것이 음해할 목적이 아니었던 바에야 태종으로서도 웃어넘길 수밖에 없는 일이었다.

왕을 일깨워준
광대

四

중국 초楚나라 때, 손숙오孫叔敖라는 어진 재상이
있었다. 그는 어려서부터 남을 위하는 마음이 갸륵했다.

하루는 밖에 나갔다가 들어오더니 갑자기 서럽게 눈물을 흘리
며 어머니의 품에 안겼다.

"애야, 무슨 일이냐?"

어머니는 영문을 몰라 아들의 머리를 쓰다듬으며 물었다.

"어머니, 이제 저는 얼마 살지 못하게 되었습니다."

"뭐라고? 그게 무슨 말이냐?"

어머니는 황당한 표정으로 아들의 두 볼을 감싼 채 똑바로 쳐다
보았다.

"밖에서 머리가 두 개 달린 뱀을 보았습니다."

당시에는 그 이상한 뱀을 본 사람은 머지않아 죽게 된다는 말이 떠돌았다.

"얘야, 침착하거라. 그래, 그 뱀을 어떻게 했느냐?"

"그 뱀을 보는 순간 저는 어차피 죽을 몸이 되었기에 죽을 각오를 하고 뱀에게 달려들어 없애버렸습니다. 또다시 누군가가 그 뱀을 보면 그 사람도 죽게 될 것이 아니겠습니까?"

"오, 그렇다면 큰 걱정은 하지 않아도 될 것 같구나. 남을 생각하는 마음이 그토록 갸륵하니 꼭 하늘이 도우실 게다."

그 후, 손숙오는 과연 어머니의 말대로 죽지 않고 바르게 커서 훌륭한 재상이 되었다. 재상이 된 뒤 그의 집안에는 아무 걱정이 없었다. 손숙오는 나라를 위해 많은 공을 쌓았기 때문에 나라에서도 그를 후하게 대접해주었다.

그러나 손숙오가 죽은 다음부터는 사정이 달라졌다. 왕은 생전에 그가 쌓았던 공로를 잊고, 그의 집안을 돌보아주지 않았다. 그리하여 손숙오 집안의 가세는 점점 기울어 그의 자식들은 하루하루 생계를 이어나가기 위해 공부할 시간에 장사나 막일을 하러 나서야 했다.

어느 날, 궁중에서 연회가 열렸다. 왕은 술과 음식을 들며 흐뭇한 미소를 머금은 채 광대들의 연극을 보고 있었다. 그러던 중 신하 하나가 불쑥 나서더니 왕에게 술을 권했다.

"전하, 제가 술을 올리겠습니다."

왕은 신하가 따라주는 술을 받을 요량으로 잔을 내밀었다. 순간 왕의 안색이 하얗게 변했다.

"아니, 그대는 손숙오 아닌가?"

왕이 놀라는 소리를 듣고 주위의 신하들도 자세히 살펴보니 분명 손숙오였다.

"그대는 이미 이세상 사람이 아닌데 어찌 이 자리에 와 있단 말인가?"

왕은 여전히 놀란 낯빛으로 말했다.

"저는 비록 저승에 있는 몸이나 전하께 꼭 아뢸 말씀이 있어 다시 이승으로 내려왔습니다."

왕은 꿈을 꾸고 있는 게 아닌가 싶어 살을 꼬집어보았으나 분명 생시였다.

"아무튼 그대를 보니 옛 생각이 나는구려."

왕은 잠시 눈을 감고 생각하더니 이내 눈을 떴다.

"그대는 둘도 없는 충신이자 공신이었으니, 예전처럼 내 곁에서 나를 도와주시오."

그러면서 왕은 손숙오의 손을 꼭 잡았다.

"황공하옵니다만, 그렇게 할 수는 없을 것 같습니다."

"그럴 수 없다니? 그게 무슨 말인가?"

"저는 예전에 전하를 위해 몸과 마음을 다 바쳐 일했습니다. 그런데 제가 죽고 나자 전하께서는 제 집안을 보살펴주시지 않아 지금은 제 집안사람들이 거지나 다름없이 지내고 있습니다."

"아, 그건……."

왕은 말문이 막혀버리고 말았다. 그때였다. 손숙오가 급히 물수건을 집어 들더니 얼굴을 닦아냈다. 그러자 얼굴 분장이 지워지면서 손숙오의 모습은 온데간데없고 다른 사람의 얼굴이 나타났다. 그는 손숙오가 아닌 궁중의 유명한 광대였던 것이다.

"이게 어찌 된 것이냐?"

왕은 의아한 표정으로 광대에게 물었다. 광대는 바닥에 꿇어앉아 머리를 조아린 채 말했다.

"전하, 무례를 범한 제게 벌을 내려주십시오."

"어찌하여 그런 연극을 했는지 말하라."

왕이 다그치자 광대가 고개를 쳐들며 말했다.

"며칠 전에 길을 가다가 우연히 손숙오의 아들을 보았는데 누더기를 걸친 채 밥을 구걸하고 있었습니다. 그것을 보는 제 마음이 너무 아팠습니다. 명색이 이 나라를 위해 공을 세운 재상의 자식인데, 아버지가 세상을 떠났다고 해서 거지 대접을 받는다면 누가 사심을 버리고 나랏일에만 전념하겠습니까?"

왕은 광대의 말을 듣고 비로소 크게 뉘우쳤다. 왕은 즉시 손숙오의 집안에 곡식과 재물을 보내 그의 자식들이 학업에만 정진하도록 돌보아주었다.

술꾼 신하를 아낀
임금

五

손순효孫舜孝는 조선 성종 때 재상으로, 한 가지 흠이 있다면 술을 몹시 좋아한다는 것이었다.

어느 날, 성종이 높은 망대 위에 올라가 주변을 두루 구경하고 있었는데 어느 숲가에서 사람 그림자 하나를 발견했다.

"저 숲에 사람 하나가 홀로 앉아 있는 것 같은데 누구일꼬?"

성종이 궁금히 여기자 한 신하가 곧바로 달려가 누구인지 알아왔다.

"저 숲에 혼자 앉아 있는 이는 손순효입니다."

"그래, 그 한적한 숲에 혼자 앉아서 무엇을 하고 있더냐?"

"예, 아뢰기 황송하오나, 오이 한쪽을 안주 삼아 술을 마시고 있었습니다."

"오, 그래? 음…… 지금 당장 그에게 고기 안주를 갖다 주도록 하라."

잠시 후 고기 안주를 받은 손순효는 그것이 임금이 하사한 것임을 알고 너무 감격하여 자리에서 일어나 궁궐 쪽을 향해 절을 올렸다.

이튿날 아침 손순효는 입궐하자마자 성종을 알현하고 안주를 하사한 것에 대해 감사의 마음을 올렸다.

"허허, 나는 단지 그대의 건강이 걱정되어 그랬던 것뿐이오. 그리고 그대가 술을 마시는 것까지는 말리지 않겠으나, 앞으로는 건강을 위해 석 잔 이상의 술은 마시지 말도록 하오."

"예, 분부대로 따르겠습니다."

임금이 친히 자신의 건강을 걱정해주자 손순효는 또 한 번 감격하여 어전을 물러나왔다. 그는 평소 술을 무척 좋아하여 아무도 말릴 수가 없을 정도였다. 하지만 워낙 문장에 능한 데다 술버릇도 깨끗해 성종이나 다른 신하들도 그가 술을 마시는 것에 대해 눈살을 찌푸리는 일은 없었다.

어느 날, 숭문원에서 급히 명나라에 보낼 외교문서 한 장을 성종에게 올렸다. 이를 받아서 본 성종은 미간을 찌푸리며 못마땅해했다.

"당장 손순효를 들라 해라."

성종은 당대 최고의 문장가 손순효의 손을 거쳐야만 제대로 된 문서가 나온다고 판단한 것이다. 그러나 궁궐을 샅샅이 뒤졌지만 손순효를 찾을 수가 없었다.

"아마도 말없이 궁궐을 벗어난 것 같습니다."

신하들은 손순효를 찾다 못해 성종에게 그리 고하고 말았다. 성종은 다소 괘씸한 생각도 들었으나, 워낙 화급을 다투는 일이라 화를 눌러 참으며 손순효가 나타나기만을 기다렸다.

저녁이 되고 사위가 어두워지는데도 손순효는 나타나지 않았다. 그러다가 별이 총총하게 빛날 무렵에야 어슬렁거리며 나타났다. 그런데 어찌 된 일인지 그는 이미 비틀거릴 정도로 술에 취해 있었다.

"내가 분명 술을 석 잔 이상은 마시지 말라고 일렀거늘 어찌 나의 명을 어긴 것이오?"

성종은 다소 화난 표정으로 손순효를 꾸짖었다.

"제가 어찌 감히 전하의 명을 어기겠습니까? 저는 오늘 점심때 잠시 딸의 집에 들렀는데, 사위가 하도 술을 권하기에 딱 석 잔을 마신 뒤 잠시 쉬다가 오는 길입니다."

"어허, 석 잔 술에 아직도 그리 취해 있단 말이오?"

"예, 분명히 저는 석 잔을 마셨습니다."

그러자 성종은 뭔가 짚이는 바가 있어서 물었다.

"그 잔이 어떤 것이었소?"

"예, 자그마한 항아리였습니다."

성종은 그만 실소를 터뜨리고 말았다.

"그건 나중에 따지기로 하고, 우선 급히 문서 하나를 손봐야 하는데 그 몸으로 괜찮겠소?"

"예, 지금 제가 술이 조금 과하긴 했으나 전하의 분부를 받들지 못할 정도는 아니옵니다."

성종은 달리 방법도 없고 하여 손순효에게 국서를 맡겼다. 손순효는 그 자리에서 문서를 읽어보더니, 단숨에 붓을 놀려 새로운 문서 하나를 만들어냈다.

"전하, 분부를 받들어 문서를 작성하였나이다."

성종은 손순효가 올린 국서를 읽어 내려갔다. 글자 하나 비뚤어

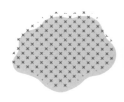

진 것이 없었고, 내용 또한 이전 것과는 비교도 안 될 만큼 매끄러
웠다.

"과연 그대의 문장은 세상에서 따를 자가 없을 것이다."

성종은 너무 감탄하여 즉석에서 손순효를 위한 술자리를 베풀
었다.

손순효는 전작이 있던 터라 몇 잔 술에 그만 정신을 놓아버리고
말았다. 그 자리에 쓰러진 손순효를 보며 성종은 빙그레 웃음을 지
었다.

"어지간히 피곤했던 모양이구나. 이대로 한숨 자고 일어나도록
놔두라."

그러고는 손수 곤룡포를 벗어 덮어주었다.

이를 본 신하들은 인재를 아끼는 임금의 마음에 감동하지 않은
자가 없었다.

권력의
뒷면은 허무

六

　　예로부터 상하의 관계가 원만하지 않을 때 그 최후는 대부분 비극적이었다. 그 까닭은 한마디로 서로의 욕심이 지나치게 과대했기 때문이다.

　시황제始皇帝가 중국 천하를 통일하는 데에서 가장 큰 공을 세운 사람은 이사李斯였다. 그는 본시 순자荀子의 제자로, 당대에 내로라하는 일류 학자였다.

　시황제는 그를 늘 곁에 두고 여러 정책을 펼칠 때마다 조언을 듣곤 했다. 군현제를 비롯한 갖가지 정책 입안이 그의 머리에서 나왔는데, 특히 그 유명한 '분서갱유焚書坑儒'도 그의 작품이었다.

　여러 학자는 분서갱유가 일어난 데 대해 이런 견해를 피력하고 있다. 이사는 당대에 이름을 떨친 학자로서, 학문이야말로 권력이 가장 두려워하고 경계해야 할 적이라는 사실을 너무나도 잘 알고 있었을 것이라고, 그래서 전대미문의 분서갱유라는 대사건이 일어났을 것이라고 말이다.

그러나 그토록 시황제의 총애를 받고, 스스로도 총명함을 발휘하던 이사였지만 그의 최후는 명예롭지 못했다. 그것은 군신, 즉 상하 권력층과의 갈등이 심했기 때문이다.

생전의 시황제는 매우 활동적이어서 곧잘 지방 순찰을 돌곤 했다. 그런데 어느 날 동부 지방을 여러 날에 걸쳐 쉬지 않고 순회하다가 몹쓸 병을 얻어 사구라는 마을에서 급사하고 말았다.

시황제가 죽자 곧바로 후계자 문제가 논의되었다. 당시 시황제의 후계자는 장남인 부소扶蘇였는데, 몽염蒙恬이라는 장군과 함께 북쪽의 변방 지역을 지키고 있었다.

그런데 시황제가 지방 순찰을 나설 때마다 수행자로 나섰던 것은 차남 호해胡亥였다. 물론 당시의 재상 이사도 시황제를 수행했다.

시황제는 숨을 거두기 전, 장남 부소 앞으로 뒷일을 맡긴다는 내용의 유서를 작성하라고 환관인 조고趙高에게 명했다. 조고는 옥쇄를 담당하는 환관이었으므로 그 권력도 만만치 않았다.

그러나 조고는 시황제의 유언을 놓고 고민에 빠졌다. 조고는 평소에 큰아들인 부소에게 고운 시선을 받지 못하는 처지였다. 그래서 고민 끝에 조고는 시황제의 유언장을 들고 작은아들인 호해에게 찾아가 말했다.

"부왕께서는 부소 태자마마에게 옥좌를 물려주라고 하셨습니다. 이렇게 되면 호해 태자마마께서는 반드시 화를 입을 것입니다. 그러니 사전에 유언장의 내용을 고쳐야 합니다. 호해 태자마마께서 옥좌에 오르시는 것만이 살길입니다."

호해는 마음의 갈등을 겪다가 결국 조고의 집요한 회유를 뿌리치지 못하고 아버지의 유언장을 위조하는 불효막심한 일을 저지르고 말았다. 자신이 옥좌에 오르는 것은 이제 시간문제였다. 단지 남은 일은 재상인 이사의 동의를 얻어내는 일이었다. 비록 시황제는 죽었으나 이사는 당대의 막강한 실력자였기 때문에 대단한 권력을 쥐고 있었다.

그러나 이사도 조고의 끈질긴 회유와 협박을 이겨내지는 못했다. 결국 그는 시황제의 유언이 잘못 전해지고 있다는 사실을 알면서도 모른 척 눈감아주고 말았다.

정작 일은 그때부터가 시작이었다. 어차피 군신의 예와 의리는 처음부터 존재하지 않는 것이었다. 이사는 위로 충성의 대상이 없었다. 그러므로 당연히 자신에게 은혜를 베풀 군주 또한 없었다. 그것은 비극이 아닐 수 없었다.

결국 호해가 다음 황제로 등극하자 장남 부소와 몽염 장군은 자살하고 말았다. 그리고 이사는 한동안 재상 자리에 머물며 조고의 허수아비 노릇을 하였으나, 마침내 그의 모략에 빠져 역적으로 몰린 채 장터에서 처형당하는 비참한 최후를 맞이했다.

　시황제 밑에서는 무소불위의 권력을 틀어쥐고 있던 이사였으나 이미 군신의 예가 틀어진 상황에서 그는 한낱 허수아비처럼 나약한 존재에 불과했던 것이다.

열매 한 알과
의리

七

삼국 시대 때 위魏나라 조조曹操는 자신의 집에 심어둔 비파나무를 소중히 다루었다. 비파나무에서 나는 열매는 빛깔이 고울뿐더러 맛도 아주 좋았다. 그래서 조조는 집안의 가솔들에게 명했다.

"누구든 이 나무에서 열매를 따는 자는 엄벌에 처할 것이다."

이 말을 들은 부하들은 아예 비파나무 근처에는 얼씬도 하지 않았다. 조조의 날카로운 성격을 익히 잘 알고 있던 부하들은 그까짓 열매 하나 때문에 주인의 눈 밖에 날 수도 있다는 사실을 두려워했던 것이다.

그런데 어느 날 조조가 외출했다가 집에 돌아와 보니 비파나무의 한쪽 가지가 전과 달리 허전해 보였다. 그는 좀 더 가까이 다가가 가만히 살펴보았다. 과연 열매 하나가 떨어져 나간 흔적이 있었다.

'음…… 분명 누군가가 열매를 따 먹었군.'

조조는 누구보다 눈치가 빠른 사람이었다. 가지에서 열매의 꼭지가 떨어져 나간 흔적을 보더라도 누군가가 일부러 나무에 올라가 열매를 딴 것이 틀림없었다.

'이런 괘씸한…… 내가 그리 엄히 일렀거늘…….'

조조는 당장 불호령을 내려 범인을 잡고 싶은 충동이 솟아올랐으나, 경솔하게 행동하지는 않았다.

'이깟 열매 하나 때문에 내게 충성을 바치는 식솔들의 가슴을 멍들게 할 수는 없지.'

조조는 생각 끝에 묘안을 짜냈다. 그는 당장 식솔들을 나무 앞으로 모이게 했다. 그러고는 이렇게 명령했다.

"당장 이 나무를 베어버려라!"

갑작스런 조조의 명령에 모인 사람들은 모두 어리둥절해했다.

"어서 이 나무를 베라니까!"

조조는 짐짓 더욱 큰 소리로 명했다. 그러자 부하 하나가 나서서 말했다.

"그토록 아끼시던 나무를 어찌 베라고 하십니까?"

"물론 나는 이 나무를 무척 아끼고 사랑해왔다. 하지만 여기 모

인 너희들을 아끼고 사랑하는 데에는 미치지 못한다. 너희 중 누군가가 이 나무 열매를 따 먹은 것 같은데, 그것을 밝히려 든다면 분명 그와는 의리를 상하게 될 것이니 나는 그것이 두렵다. 그래서 차라리 이 나무를 베려고 하는 것이다. 어서 이 나무를 벤 뒤 내게 보고하도록 하라."

조조는 이내 자기 방으로 들어가버렸다.

그 후 얼마 지나지 않아 나무 앞에 모여 있던 부하들 중 하나가 슬며시 무리에서 빠져나오더니 몰래 조조의 방으로 들어갔다. 그가 바로 비파나무 열매를 따 먹은 부하였다.

농담으로 확인해본
군신의 의리

八

조선 후기에 글씨와 학문에 뛰어나고, 덕과 충절이 높은 윤행임 <ruby>尹行恁</ruby> 이라는 사람이 있었다. 그는 특히 정조가 아끼는 신하였다. 어느 날, 집에서 모처럼 시간이 난 윤행임은 부인과 함께 뜰을 거닐며 담소를 나누고 있었다. 이런저런 이야기를 나누다가 부인이 난데없이 윤행임에게 질문을 던졌다.

"대감께서는 전하의 은총을 입고 계신데, 그 충정이 어느 정도라고 생각하고 계신지요?"

윤행임은 갑자기 받은 질문에 다소 당황했으나 침착하게 대답했다.

"부인은 별난 질문을 다하는구려. 그야 하늘을 받들듯 전하를 모시는 것이 신하 된 도리요, 충절이겠지요. 그러나 그 충절을 어찌 공공연하게 다른 것에 비교할 수 있겠소?"

"그럼, 만약 전하께서 대감께 불 속으로 뛰어들라 하면 그리하시 겠습니까?"

더욱 이상한 질문인지라 윤행임은 그냥 웃음으로 대답을 대신 했다. 그저 가벼운 농담으로 여겼던 것이다.

며칠 뒤, 윤행임은 정조와 정원을 거닐다가 전날 부인에게 받았 던 것과 아주 비슷한 질문을 받게 되었다.

"경은 내게 충절을 다하고 있다 생각하시오?"

"황공하옵니다만, 저는 전하께 목숨을 바칠 각오도 돼 있습니다."

윤행임은 정조의 물음에 자신 있게 대답했다.

"오, 그렇지. 나는 익히 그대의 충절을 알고 있었소. 그럼 내 부탁 을 하나 들어주겠소?"

"예, 무엇이든 하명하시옵소서."

"저 연못에 한번 뛰어들어보시오."

정조는 내심 웃음을 머금으며 말했다.

"예?"

윤행임은 깜짝 놀라 정조의 얼굴만 멀뚱하게 쳐다보았다.

물론 정조의 말은 농담이었다. 윤행임도 그것이 농담이라는 사 실을 눈치채고 있었다. 하지만 농담이라도 너무 지나친 것이었다.

연못에 뛰어들라는 것은 곧 목숨을 버리라는 말과 같은 것이었다. 윤행임은 어찌해야 좋을지를 몰랐다.

'분명, 농담을 하고 계신 것인데…… 어떻게 이 위기를 빠져나간다…….'

재빨리 머릿속으로 묘안을 생각해내려고 했으나 쉽사리 좋은 방법이 떠오르지 않았다.

"아니, 경은 왜 우물거리고 있소? 방금 전에 나를 위해 죽을 각오도 돼 있다고 하지 않았소?"

"예, 그렇습니다만……."

"하하하, 자신이 없으면 그만두어도 괜찮소."

정조는 더욱 윤행임을 조여들어갔다. 내심 그의 재치를 시험하고자 그런 농담을 했던 것인데, 생각보다 시간이 걸리자 일부러 바짝 긴장하게 만든 것이다.

"아닙니다. 지금 물속으로 뛰어들겠습니다."

윤행임은 아직 묘안이 떠오르지 않았으나 우선 연못가로 걸어갔다. 그러고는 연못 위에 비친 자기 얼굴을 들여다보았다.

그 순간, 언뜻 뇌리를 스치고 지나가는 생각 하나가 있었다.

'옳지! 이제야 됐구나!'

윤행임은 속으로 쾌재를 부르며 발길을 돌려 정조에게 다가갔다.

"아니, 왜 돌아오는 것이오?"

"전하, 제가 막 연못 속으로 뛰어들려고 하니까 갑자기 물속에서 굴원屈原이 나타났습니다."

"굴원이라면 저 옛날 초나라의 시인을 말하는 것이오?"

"예, 그렇습니다."

굴원은 초나라 회왕懷王 밑에서 내정과 외교를 맡았던 유능한 신하였으나 법령을 입안하는 과정에서 정적政敵들과 충돌하는 바람에 결국 중상모략을 받아 정치 일선에서 물러난 인물이었다. 그 후 회왕은 간신의 무리에 휩싸여 올바른 정치를 못하고 날로 방탕해지자, 회왕을 원망하며 스스로 멱라수汨羅水에 몸을 던져 목숨을 끊었다.

그런 굴원이 윤행임 앞에 나타났다는 것이다.

"그래, 그 굴원이 그대에게 뭐라 하던가?"

정조는 그제야 윤행임이 묘안을 생각해냈다고 생각하여 물었다.

"굴원은 저를 비웃으며 이렇게 말했습니다. '나는 못된 임금을 만나서 어쩔 수 없이 물속에 뛰어들어 목숨을 끊었지만, 그대는 왜 성군을 모시고 있으면서도 스스로 목숨을 끊으려 하는가? 그러고도 어찌 성군에게 충성을 다했다고 할 수 있겠는가' 하고 말했습니다."

정조는 그제야 호탕한 웃음을 터뜨렸다.

"하하하, 역시 그대다운 명답이구려."

그 후 윤행임은 몸과 마음을 바쳐 정조에게 충성을 다해, 조선 후기 최대의 문화 전성시대를 구가한 이른바 '영·정조 시대'를 만드는 데 크게 기여했다.

夫婦有別

부부유별

남편과 아내
사이에는
분별이
있어야 한다.

夫
婦
有
別

序

　부부유별의 뜻은 '남편과 아내 사이에는 마땅히 구별이 있어야
한다'는 것이다. 즉, 남편은 남편으로서, 아내는 아내로서 맡은 바
역할을 잘해야 한다는 것이다. 남편이 제 할 바를 제대로 못하고,
아내가 제 할 바를 제대로 못하는 집안은 잘될 리가 없다.

　우리는 가정이 파국으로 치닫는 경우를 너무도 많이 보아왔다.
알코올중독, 도박중독, 배우자가 아닌 다른 이성과의 불륜 등이 그
런 전형이라고 할 수 있는데, 이는 남편과 아내로서의 도리를 저버
린 것이다.

부부유별은 평범하지만 가장 중요한 교훈을 담고 있다. 부부가 자신의 처지에서 할 바를 다하지 못한다면, 어떻게 자식들에게 고개를 들 수 있고, 또한 그 가정이 순조롭겠는가.

선비와
여승

옛날, 어느 선비가 과거시험을 보고자 먼 길을 떠났다. 선비가 깊은 산중을 가고 있을 때 억센 소나기를 만나 급히 근처의 작은 암자로 몸을 피했다.

선비는 한순간 비에 옷이 흠뻑 젖고 말았다. 주위를 둘러보니 그가 들어온 암자에는 아무도 살고 있지 않은 듯했다. 그래서 옷을 말리려고 모두 벗어 널고는 법당 안으로 들어가려고 했다. 그때 법당 한가운데 웬 여승 하나가 홀로 앉아 있는 게 눈에 들어왔다. 선비는 깜짝 놀라 옷을 추스르며 몰래 여승을 살펴보았다.

'아, 정말 곱구나!'

여승은 아직 스무 살이 채 안 돼 보였는데, 비록 삭발한 얼굴이었지만 아름답기가 그지없었다. 선비는 무엇에 홀린 듯 다짜고짜 여승에게 다가가 말을 건넸다.

"깊은 산중인데 혼자서 이 암자를 지키는 것이 무섭지 않습니까?"

여승은 전혀 놀라는 기색 없이 천천히 고개를 돌려 선비를 바라보며 대답했다.

"비를 피하러 오신 손님이시군요. 이 암자에는 저 말고도 두 분의 여승이 더 있는데 지금 마을로 양식을 구하러 갔답니다."

선비의 귀에는 여승의 음성조차 마치 하늘에서 들려오는 소리처럼 들렸다.

'이 여인은 분명 선녀의 화신일 것이다.'

선비는 여승의 아름다움에 넋을 잃고 마침내 그녀에게 달려들었다. 여승과 정을 통한 선비는 1년 뒤에 꼭 다시 돌아와 집으로 데려가겠노라는 약조를 주었다.

처음으로 남자를 알게 된 젊은 여승은 선비가 남기고 간 약조만 믿고 마냥 그날이 오기만을 기다렸다. 그러나 약조한 1년이 지났지만 선비는 돌아오지 않았다. 그러자 여승은 마음에 병이 생겨 숨을 거두고 말았다.

그 무렵 선비는 과거에 급제하여 지방의 관리가 되어 있었다. 선비는 그때 여승과의 약속을 까맣게 잊고 있었다.

그러던 어느 날 밤이었다. 그가 막 잠자리에 들려고 하는데 갑자기 자그마한 뱀 한 마리가 이불 위로 지나가는 것이었다.

"아니, 난데없이 웬 뱀이……."

그는 깜짝 놀라 급히 아전을 불러들였다.

"어서 저 뱀을 치워버려라!"

아전도 깜짝 놀라 황급히 달려들어 뱀의 목을 눌러 죽여버렸다. 그런데 이튿날 이상한 일이 벌어졌다. 전날 밤에 뱀을 죽인 아전이 자리에서 일어나지 못하고 숨을 거둔 것이다.

며칠 뒤, 선비의 잠자리에 또 뱀이 나타났다. 그전 것보다는 조금 큰 놈이었다. 선비는 사람을 불러 뱀을 죽이게 했다. 그랬더니 이튿날이 되자 뱀을 죽인 자가 또 숨을 거두었다.

다시 며칠 뒤에도 똑같은 일이 벌어졌다. 그리고 그때마다 뱀을 죽인 자는 반드시 숨을 거두곤 했다.

"어찌 변괴가 있는 것인가? 혹시 누군가가 내게 원한을 품은 건 아닐까?"

선비는 곰곰이 생각하다가 비로소 지난날 여승에게 한 약조를 떠올렸다.

"아, 그 약조가 화근이 된 것이로구나!"

그 일 말고는 누구에게도 원한을 살 일을 한 적이 없었기 때문에 그는 확신했다. 그런데 진정한 불행은 그가 그 사실을 깨달은 뒤부터였다. 선비는 여승의 원한을 달래줄 생각을 하지 않고 힘으로 눌러버리려고 했던 것이다.

그날 이후에도 밤마다 뱀이 나타났는데, 그는 그때마다 칼로 베거나 불에 지져 죽여버렸다.

"그래, 어디 누가 이기나 해보자."

그는 자기 권위와 힘을 과시하며 매일 밤 뱀을 죽여 없앴다. 하지만 날이 거듭할수록 뱀의 몸뚱이는 점점 커져 마침내 큰 구렁이가 되고 말았다.

"안 되겠군. 군졸들을 불러들여야겠다."

그는 큰 구렁이를 없애기 위해 매일 밤 무장한 군사들을 불러들였다. 그래도 매일 구렁이가 나타나자 이제는 모든 군사를 풀어 그의 관저를 에워싼 채 철통같은 경비를 하도록 명했다. 하지만 구렁이는 여전히 포위를 뚫고 그의 방으로 들어왔다. 군사들이 달려들어 수없이 구렁이를 칼로 베어 죽였지만 없어지지 않았다.

그는 이제 육체적으로나 정신적으로 말할 수 없이 지쳐 있었다. 그래서 결국 구렁이 죽이는 일을 멈출 수밖에 없었다. 그렇다고 그 흉물스런 구렁이를 그냥 두고볼 수는 없는 일이어서 큰 궤짝을 만들도록 하여 그 안에 구렁이를 넣어두었다.

그 궤짝을 평소에는 그의 방 한구석에 놓아두었으나, 밖으로 행차할 때는 수레에 실어 데리고 다니곤 했다.

그렇게 몇 달이 지났다. 그동안 구렁이는 그에게 아무런 해코지도 하지 않았다. 그럼에도 그는 점점 몸이 야위어갔다. 정신도 흐려져 이따금 헛소리를 하곤 했다. 그는 까닭 모를 병이 깊어지더니 결국 세상을 떠났다.

메아리와
수선화

二

     아름다운 요정 에코는 늘 숲과 언덕에서 뛰어놀았다. 에코에게는 단점 하나가 있었는데, 너무 말하기를 좋아하여 한 번 입을 열면 다물 줄 모른다는 것이었다.

    어느 날, 제우스가 요정들과 어울려 춤을 추며 놀고 있었다. 그때 제우스의 아내 헤라가 남편을 찾고 있었다. 만약 질투심 많은 헤라에게 제우스의 춤추는 광경을 들킨다면 큰일이었다. 그래서 에코는 시간을 끌기 위해 헤라에게 다가가서 말을 걸었다. 에코가 어찌나 수다를 떠는지 헤라는 제우스를 찾고 있었다는 사실조차 잊어버렸다.

    나중에 헤라는 모든 진실을 알게 되었다. 화가 난 헤라는 에코에게 벌을 내렸다.

"감히 나를 속여? 앞으로 너는 절대 남에게 말을 걸 수가 없다. 그리고 남이 한 말만을 따라서 해야 한다."

이러한 벌을 받은 에코는 어느 날 나르키소스라는 잘생긴 소년을 보게 되었다. 에코는 이 소년에게 반해 그의 뒤를 따라갔다. 에코는 소년에게 말을 걸고 싶어 속이 탔다. 하지만 그럴 수가 없는 처지여서 소년이 말을 걸어주기만을 초조하게 기다렸다.

며칠 뒤 나르키소스가 사냥을 하던 중 친구들과 떨어져 길을 잃게 되었다.

"얘들아! 어디 있니?"

나르키소스는 사방을 둘러보았으나 아무도 없어 다시 한 번 친구들을 불렀다.

"얘들아!"

그러자 어디선가 소리가 들렸다.

"얘들아!"

소리는 들리지만 친구들의 모습은 보이지 않았다.

"어디 있는 거야?"

"어디 있는 거야?"

이번에도 목소리만 들릴 뿐 아무도 보이지 않았다.

"함께 가자."

　나르키소스가 이렇게 말하자 에코는 자기에게 그러는 줄 알고 숲에서 뛰어나와 그에게 안기려고 했다. 그는 깜짝 놀라 에코를 밀치며 말했다.

　"네가 장난을 쳤구나. 너 같은 여자애는 딱 질색이야. 저리 가!"

　나르키소스는 에코를 밀쳐버리고 숲속으로 들어가버렸다.

　에코는 그에게 실연을 당한 것이 너무 가슴 아파 숲속 깊이 숨어버렸다. 그 후부터 에코는 동굴 속이나 깊은 산속의 절벽 같은 데서 살았다. 그리고 에코의 몸은 슬픔 때문에 야위기 시작하더니 마침내 살이 없어지고 뼈만 남게 되었다. 그녀의 뼈는 바위로 변했고 나중에는 목소리만 남았다. 그래서 오늘날까지도 에코는 동굴이

나 절벽에 살면서 남이 한 말을 따라 하고 있는데, 메아리가 바로 그것이다.

한편, 에코의 친구 요정들은 나르키소스에게 복수를 하려고 별렀다. 그들은 복수의 여신인 네메시스에게 찾아가 사정했다.

"앞으로 나르키소스에게 사랑하는 마음을 불어넣어주시되, 상대방에게 끝까지 거절당하도록 해주십시오. 그래야 그도 실연의 아픔이 얼마나 쓰라린 것인지 알 테니까요."

복수의 여신은 요정들의 부탁을 들어주었다. 이런 형벌을 받게 된 줄도 모르는 나르키소스는 어느 날 사냥을 하다가 목이 말라 물을 마시려고 연못 위에 엎드렸다. 그런데 수면 위에 잘생긴 얼굴 하나가 비치는 것이었다. 그것은 바로 자기 얼굴이었으나 그는 그 얼굴이 이 연못에 살고 있는 어떤 아름다운 요정이라고 생각했다.

나르키소스는 그만 그 얼굴에 반하고 말았다. 그래서 한번 얼굴을 만져보려고 물속에 손을 넣었으나 이내 그 얼굴은 사라지고 없었다. 그러다가 잠시 뒤에 보면 다시 그 얼굴이 나타나고 만지려고 하면 사라지기를 반복했다. 그는 먹는 것도 자는 것도 잊고 늘 연못 주위에서 서성거리며 물 위에 비친 자신의 얼굴만 들여다보았다.

"왜 너는 내가 다가가면 피하려고만 하니?"

나르키소스의 가슴에 불을 지핀 사랑의 열병은 결국 그의 가슴을 태워 날로 낯빛이 초췌해지고 기운도 쇠약해졌다. 그의 얼굴은 이제 너무 말라 예전의 미모는 찾아볼 수 없었다. 결국 그는 혼자 가슴만 태우다가 연못에 빠져 죽었다.

나르키소스가 죽자 물의 요정들이 장례를 치러주려고 그의 시신을 찾았다. 하지만 연못 속을 다 뒤져도 찾을 수가 없었다. 그 대신 연못가에 예전에 없던 꽃 한 송이를 발견했다. 흰 잎으로 둘러싸인 아름다운 꽃이었다.

사람들은 그 꽃의 이름을 나르키소스라고 불렀다. 이것이 우리의 수선화인데, 그 꽃말은 '자기주의自己主義' 또는 '자기애自己愛'이다. 자기도취 상태를 말하는 '나르시시즘Narcissism'도 여기에서 유래되었다.

바보 남편을
장군으로 만든 공주

三

　　　평강공주平岡公主는 고구려 25대 평원왕平原王의
딸이었다. 그녀는 어려서부터 울기를 잘해 '울보공주'로 불렸다.
밥만 먹고 돌아서면 하루 종일 울기만 하는 터라 평원왕은 이렇게
농담하곤 했다.

　"너는 이 나라의 공주인데 어찌 종일토록 울기만 하는 것이냐?
이래서는 좋은 가문으로 시집을 가기는 틀렸으니, 바보 온달溫達에
게나 시집을 보낼 테다."

　온달은 얼굴이 못생기고 바보스런 짓을 많이 하여 고구려 사람
들이라면 그의 이름을 모르는 이가 없을 정도였다. 하지만 온달은
생김새와는 달리 마음이 고와 몹시 궁색하게 살았지만 눈먼 어머

니를 지극 정성으로 봉양하고 있었다.

어느덧 세월이 흘러 평강공주가 열여섯 살이 되었다. 공주의 나이가 이제 혼기를 맞이한지라 평원왕은 그녀의 혼처를 알아보던 중 상부上部의 고씨高氏가 적당하다고 생각했다.

평원왕은 평강공주에게 자신의 뜻을 말했다. 그러자 평강공주는 얼굴빛이 변하며 말했다.

"그게 무슨 말씀이십니까? 아바마마께서는 제게 항상 온달에게 시집가라고 하시지 않았습니까? 그런데 왜 이제 와서 말씀을 바꾸시려는지요. 아무리 하찮은 백성들도 거짓말을 하지 않는데 하물며 임금께서 거짓말을 하신다면 어찌 되겠습니까?"

그러자 평원왕은 크게 화를 내며 말했다.

"너는 지금 무슨 말을 하고 있는 것이냐? 그때 내가 한 말은 우는 너를 달래려고 했던 것이다."

"그래도 저는 아바마마의 명을 따를 수가 없습니다. 내일이라도 온달에게 시집을 가겠습니다."

"허어, 이런 고집이 있나? 네가 정녕 내 말을 거역하겠다면 네 마음대로 해라."

결국 평강공주는 밤에 몰래 궁궐을 빠져나와 온달의 집으로 향했다. 그녀는 값진 패물이 든 보자기를 품에 안고 있었다. 그녀가 사람들에게 길을 물어 온달의 집으로 찾아갔을 때는 그의 눈먼 노모가 홀로 집을 지키고 있었다. 그녀는 노모에게 절을 올린 뒤 며느리로 받아달라고 말했다.

"그대의 몸에서 나는 향기와 말씨를 들어보니 우리 같은 가난뱅이 집으로 시집올 분은 아닌 것 같구려. 지금 내 자식은 끼니를 구하기 위해 나무껍질을 벗기려고 산으로 들어갔다오. 부디 이 길로 발길을 돌려 돌아가도록 하시오."

평강공주는 온달의 노모에게 자신이 궁궐을 나온 사연을 낱낱이 들려주었다. 그러자 노모는 이내 마음을 바꿔 그녀를 며느리로 받아들이기로 했다.

"젊은 남녀가 마음만 맞는다면 빈부와 귀천이 어찌 문제가 되겠소? 그대의 마음이 정한 대로 하시오."

이리하여 평강공주는 온달의 아내가 되었다.

공주는 궁중에서 가지고 나온 패물을 팔아 집과 밭을 마련했다. 그리고 싼값에 허름한 말을 사들인 뒤 정성껏 보살펴 준마로 키웠다.

당시 고구려에서는 해마다 3월 3일이면 왕이 신하와 병사들을 데리고 들로 나와 함께 사냥하는 풍습이 있었다. 사냥하여 잡은 사슴으로는 천제와 산천 신령에게 제사를 지냈다.

평원왕은 그날이 되자 여러 신하와 군사를 거느리고 어김없이 사냥에 나섰다. 그때 온달도 자신의 집에서 기른 준마를 타고 행사에 참여하게 되었다.

준마를 탄 온달은 사냥에서 단연 두각을 나타냈다. 항상 남보다 앞서 달리고 어느 누구보다 많은 짐승을 잡아 평원왕에게 바쳤다. 이내 왕은 그를 불러 물었다.

"오, 너는 사냥 솜씨가 대단한데, 이름이 무엇인가?"

"예, 저는 온달이라고 하옵니다."

온달의 이름을 듣자 평원왕은 크게 놀랐다. 왕은 그를 찬찬히 살펴보았다. 과연 체격이 늠름하여 과거에 바보로 불리던 모습은 사라지고 대장부의 면모를 갖추고 있었다. 왕은 매우 흡족하게 생각하여 온달을 곁에 두기로 했다.

얼마 후 중국 후주後周의 무제武帝가 고구려를 침공하였다. 이때 온달은 스스로 선봉장이 되어 나가 싸우겠노라고 평원왕에게 청했다. 왕은 즉시 출전을 허락했다.

온달은 이 싸움에서 수십 명의 적장을 베고 대승을 거두었다. 평원왕은 그의 공을 인정하여 마침내 그를 사위로 받아들였다. 그리고 대형大兄이라는 벼슬을 내렸다.

이후 서기 590년에 평원왕이 세상을 떠나고, 제26대 영양왕嬰陽王이 왕위에 올랐다. 이때 온달은 영양왕에게 찾아가 옛날 신라에게 빼앗긴 한강 이북 땅을 회복하겠노라 출정을 자원했다. 영양왕은 온달의 제의를 받아들였고, 온달은 떠나기 전에 이렇게 맹

세했다.

"계엄령과 죽령의 서쪽 땅을 되찾기 전에는 절대 돌아오지 않을 것이다!"

그러나 온달은 신라군을 맞이하여 아차산성阿且山城, 서울 광나루 북쪽 아차산에 있는 성에서 싸우다가 화살에 맞아 전사했다.

군사들은 그의 주검을 거둬 관에 넣고 옮기려 했으나, 수십 명이 달라붙어도 관이 움직이지 않았다. 할 수 없이 군사들은 이 사실을 평강공주에게 알렸다.

비보를 전해 들은 평강공주는 급히 전쟁터로 달려와 온달의 관을 어루만지며 슬피 말했다.

"당신은 이 나라를 위해 할 바를 다했습니다. 이제 생사가 결정되었으니 부디 편히 눈을 감고 돌아가소서."

그러자 마침내 관이 움직였다.

두 살배기
아내

四

　　당나라 태종 때 위고偉固라는 노총각이 살고 있었
다. 그는 부자였으나, 이상하게 운이 따르지 않아 나이가 차도록
장가를 들지 못하고 있었다.

　하루는 위고가 하인을 데리고 멀리 바람을 쐬러 나갔다가 어느
산 밑에서 쉬려고 걸음을 멈췄다. 그런데 그 산의 고목 밑으로 찾
아가니 이미 노인 한 사람이 책을 읽고 있었다. 위고는 노인에게
다가가 말을 붙였다.

　"무슨 책인데 그리 열심히 읽고 계시는지요?"

　노인은 책에서 눈을 떼고 천천히 위고를 올려다보며 대답했다.

　"남녀의 혼인에 대해 쓴 책이네."

혼인에 대한 책이라는 대답에 위고는 갑자기 호기심이 동했다. 그런데 가만히 노인의 주머니를 보니 청실과 홍실을 얽어놓은 색실이 눈에 띄었다.

"주머니에 있는 색실은 뭔가요?"

"이 실은 남녀를 사랑으로 맺어주는 끈이지. 아무리 멀리 떨어져 있는 남녀라도 이 실로 한번 묶으면 반드시 부부가 되고 말지."

"그것 참 신기하군요. 제가 아직 총각인데, 그럼 제 배필이 누군지도 알아볼 수 있을까요?"

"물론이지."

노인은 한동안 눈을 감고 무언가를 생각하더니 이내 눈을 뜨고 대답했다.

"그대의 짝은 성안에서 채소를 파는 장사꾼의 딸일세."

"하하하, 그렇습니까? 그럼 그 처녀는 예쁘게 생겼나요?"

위고는 노인의 말을 전적으로 믿지는 않았지만, 더욱 호기심이 생겨 바짝 다가앉으며 물어보았다.

"글쎄…… 예쁘고 미운 것은 세월이 지나봐야 알 수 있겠네."

"그건 또 무슨 말씀이신가요?"

"그 처녀의 나이가 아직 두 살밖에 안 됐거든."

"뭐라고요? 아니 영감님 지금 저를 놀리는 겁니까?"

"그런 말 하지 말게. 나는 지금까지 남녀의 혼사 문제에 대해서는 한 번도 틀린 적이 없는 사람일세. 내 말대로 그대는 이십 년 후에나 그 여자애와 결혼하게 될 걸세."

노인은 눈을 부릅뜨며 위고에게 말했다. 위고는 노인의 말을 당장 믿지는 않았지만, 만일 그의 말이 사실이면 어쩌나 하고 은근히 걱정이 되었다. 당장 결혼을 해도 늦은 나이인데 이제 겨우 두 살배기 어린애를 아내로 삼아야 한다니, 그리되면 정말 기가 막힐 노릇이 아닐 수 없었다. 위고는 몇 번이고 노인에게 그 말이 사실이냐고 되물었다. 그때마다 노인의 답은 한결같았다.

"그렇게 내 말이 믿어지지 않으면 지금 당장 시장에 가서 그런 여자애가 있는지 확인해보게. 만약 그런 애가 없다면 내 말을 믿지 않아도 좋네."

조바심이 생긴 위고는 즉시 시장으로 달려갔다. 하지만 복잡한 시장에서 채소 장수의 딸을 찾는 일은 결코 쉽지 않았다. 위고는 하인을 시켜 여자애를 찾아보라고 이른 뒤 자신은 주막집으로 가 술을 마시고 있었다.

얼마 뒤 하인이 헐레벌떡 달려왔다.

"주인님, 노인의 말이 맞습니다. 정말 그런 여자애가 있습니다."

"그게 사실이냐? 안 되겠다. 내 눈으로 직접 확인해봐야겠다. 어서 가자!"

위고는 하인을 앞세워 다시 시장으로 가보았다. 그랬더니 정말 채소를 팔고 있는 어느 여자의 등에 업혀 곤히 자고 있는 여자아이가 눈에 띄었다.

'이럴 수가…… 그럼 내가 정말 저 계집애를 데리고 평생을 살아야 한다는 말인가? 그건 안 되지…….'

위고는 아찔한 생각이 들었다. 잠시 뭔가를 골똘히 생각한 위고는 하인을 불러 귀엣말로 속삭였다.

"너는 여기 시장에 남아 저 장사꾼 여자를 지켜보다가 기회가 생기면 계집애를 죽여버리고 오거라."

"예? 계집애를 죽이라고요?"

"저 계집애를 죽여야 내 마음이 편할 것 같아서 그러니 실수 없이 일을 처리하거라."

하인은 주인의 말을 거역할 수 없었다. 그는 혼자 시장에 남아 기회를 엿보았다. 그러다가 기회가 생겼으나 하인은 아직 말도 못하는 어린애를 차마 죽일 수가 없어 아이의 이마에 살짝 피만 내고 돌아왔다.

하인은 일부러 자기 손에 선지피를 흠뻑 묻혀 위고에게 보여주었다. 위고는 하인의 손에 묻은 피를 보고 아이가 죽은 줄 알고 그제야 안심했다.

그러나 정작 그 일이 있고 난 뒤부터 위고에게는 안 좋은 일만 일어났다. 갑자기 부모가 병으로 죽고, 자신도 시름시름 앓게 되어

그 많던 돈을 약값으로 다 쓰고 나서야 겨우 건강을 되찾을 수 있었다.

가난뱅이가 된 위고는 먼 친척 집에 몸을 의탁한 채 하인처럼 살게 되었다. 더구나 나이는 이미 마흔이 다 돼 있었다.

어느 날, 친척 어른이 위고를 불러 말했다.

"중매가 한 자리 들어왔는데 이제라도 장가를 가겠느냐?"

위고는 나이가 많이 들긴 했지만 이제부터라도 아들 딸 거느리며 사람답게 살아봐야겠다는 생각에 마다하지 않았다.

결혼 첫날밤이었다. 위고는 처음으로 아내의 얼굴을 보았다. 그런데 아내의 이마에 작은 흉터 하나가 있기에 어떻게 해서 생긴 것이냐고 물었다. 아내는 어머니에게 전해 들은 이야기라며 이렇

게 말했다.

"제가 두 살 때 어머니의 등에 업혀 시장에 갔는데, 갑자기 어떤 사람이 칼을 빼 들고 달려들어 제 이마를 살짝 벤 뒤 달아났다고 합니다."

그 말에 위고는 깜짝 놀랐다. 바로 20년 전에 자신이 하인을 시켜 만든 상처였기 때문이다.

'아, 그때 그 노인의 말이 옳았구나!'

위고는 크게 깨닫고, 어렵게 연을 맺은 이 여자야말로 하늘이 맺어준 아내라고 생각했다. 그렇게 그는 죽을 때까지 오직 그녀 한 사람만을 사랑했다.

끝까지 약혼자를
기다렸던 설씨녀

五

　　옛날 신라 경주에 설씨_{薛氏} 성을 가진 늙은 홀아비가 살고 있었다. 노인에게는 딸이 하나 있었는데, 행동이 단정하고 얼굴이 아름다워 총각들의 애를 태웠다.

　　당시 신라는 진평왕_{眞平王}이 다스리고 있었는데, 군역을 치르는 젊은이들이 부족하여 설씨 노인도 나라의 부름을 받아 병역 의무를 치르게 되었다. 노인의 몸이었으므로 설씨는 변방의 경비대로 불려갔다.

　　효성이 지극한 설씨녀는 늙은 아버지를 멀리 떠나보내야 하는 것이 매우 안타까웠다. 자신이 대신하여 병역 의무를 치르고 싶은 마음이 굴뚝같았지만 여자의 몸으로는 어찌해볼 도리가 없었다.

그 무렵 사량부沙粱部라는 마을에 설씨의 딸을 좋아하는 가실嘉實이라는 청년이 있었다. 그는 가난했으나 심성이 곧고 행실이 바른 청년이었다.

어느 날, 설씨 노인의 입영 소식을 듣고 가실이 찾아왔다. 평소 설씨녀에게 흠모의 정을 품고 있던 차에 그녀가 마음고생을 하고 있다는 소문을 접한 것이다.

"노구를 이끌고 낯선 변방까지 가셔서 고초를 겪게 되신 것을 보고 있을 수 없어 이렇게 달려왔습니다. 아직 나이 어린 몸이지만 제가 대신하여 병역을 치를까 합니다."

설씨 부녀는 이 기적 같은 구원의 손길을 접하고는 사뭇 당황스럽기도 했으나 무척 반가운 일이 아닐 수 없었다. 설씨가 가실에게 말했다.

"나를 대신하여 병역을 치르겠다니 기쁘고 송구스러운 마음을 금할 길이 없네. 나도 자네의 은혜에 보답하기 위해서 뭔가 해주어야 할 텐데, 알다시피 나는 가진 것이 없네. 그저 있는 것이라고 내 딸아이 하나뿐인데 자네가 저 아이를 부족하다고 생각하지 않는다면 주고 싶네."

가실은 설씨 노인의 말을 듣자 금세 얼굴이 환해졌다. 그는 얼른 일어나 노인에게 두 번 절을 올린 뒤 말했다.

"부족하다니 당치 않은 말씀입니다. 오히려 제게는 너무 과분합니다. 기꺼이 아내로 맞는 것이 제 소원입니다."

이렇게 해서 설씨녀와 가실은 혼인을 약속했다. 병영으로 떠나는 가실에게 설씨녀가 말했다.

"혼인은 인륜지대사이니 갑자기 할 수는 없다고 생각합니다. 제가 이미 낭군께 마음으로써 허락한 이상 죽어도 변함없을 것입니다. 낭군께서 병역을 다 치르고 돌아온 뒤에 택일하여 성례를 올렸으면 합니다."

그러더니 품에서 거울 하나를 꺼내 반으로 쪼갠 뒤 한쪽을 건네주었다.

"이 거울이 신표信標입니다. 훗날 제가 가진 반쪽과 합치는 날 성례를 올리게 될 것입니다."

가실도 설씨녀에게 자신이 기르던 말 한 필을 주었다.

"이 말은 천하에 둘도 없는 명마입니다. 내가 없는 동안 맡아서 돌보아주시면 고맙겠습니다."

그렇게 두 사람은 헤어졌다.

어느덧 3년의 시간이 흘렀다. 이제 가실이 병역을 치르고 돌아올 시기였으나 여전히 징집 대상이 부족한 관계로 군에 매어 있었다. 그때 설씨 노인의 나이는 아흔에 이르렀고, 딸의 나이도 혼기를 넘기게 되었다. 죽을 날을 앞두자 노인의 마음은 몹시 스산해졌다. 그는 딸을 불러 말했다.

"나는 앞으로 일 년을 살지 몇 달을 살지 모른다. 그러니 이제 그만 가실은 잊고 다른 신랑감을 찾아보도록 해라. 가실과 약조한 삼 년이라는 시간도 다 지났으니 그자도 이해할 것이다."

설씨녀는 아버지가 그런 말을 할 때마다 고개를 저었다.

"지금 저는 그분이 무사히 돌아오기만을 기원하고 있습니다. 혹시 병이라도 들지 않았는지, 의복을 소홀히 입어 몸이 상하지는 않았는지, 오직 그런 걱정뿐입니다. 그런데 아버님께서는 먼저 한 약조를 잊으시고 자꾸 다른 사람에게 시집을 가라고 하시니 그것은 인정이 아니라고 생각합니다."

그러나 결국 설씨 노인은 조급한 마음을 참지 못해 딸 모르게 어느 청년과 혼약을 맺고 말았다. 뒤늦게 이 사실을 안 설씨녀는 가슴이 미어지는 것 같았다. 그래서 날이면 날마다 가실이 두고 간 말을 쓰다듬으며 외로움을 달래곤 했다. 정 상황이 험악해지면 그 말을 타고 집을 떠나버릴 생각도 했다.

그러던 어느 날이었다. 마침내 가실이 돌아왔다. 그의 몰골은 해골처럼 마르고 입은 옷도 남루하기 짝이 없어 한눈에 알아볼 수가 없었다. 그러나 가실은 설씨녀와 그녀의 아버지를 알아보았다.

가실은 자신의 존재를 확실하게 알려주기 위해 품에서 거울 반쪽을 꺼내 설씨녀에게 보여주었다. 설씨녀가 거울을 받아 자신이 간직해온 반쪽의 거울과 맞추어보니 꼭 맞았다. 설씨 노인과 그녀는 그제야 가실을 알아보고 기쁨의 눈물을 흘렸다. 마침내 설씨녀와 가실은 정식으로 혼례를 치르고 부부의 연을 맺었다.

처녀의 한이 서린
탄금대와 신립 장군

六

　　조선 중기 때의 무신 신립申砬 장군이 청년 시절에 겪은 일이다.

　하루는 초립草笠을 쓰고 사냥을 나갔는데, 갑자기 하늘에서 내려온 매 한 마리가 그의 초립을 발톱으로 낚아채 날아갔다. 신립은 초립을 찾으려고 매의 뒤를 쫓았다. 그러나 매가 어찌나 빠른지 도저히 따라잡을 수가 없었다.

　날이 저물 무렵, 매는 문경 새재 근방에 있는 한 기와집으로 들어가 자취를 감추었다. 신립은 그 기와집 앞에서 주인을 불렀다. 그러나 집 안에서는 아무 소리도 들리지 않았다. 신립이 이상하게 여겨 안으로 들어가보니 처녀가 서성거리고 있었다.

"아니, 안에 사람이 있는데 왜 대답을 하지 않았소?"

신립 장군의 말에 처녀는 주저하기만 할 뿐 아무런 말이 없었다. 신립은 자신이 여기까지 오게 된 연유를 말해주고 초립을 찾게 해 달라고 했다. 처녀는 그제야 한숨을 내쉬며 입을 열었다.

"초립을 찾아드리는 것은 어렵지 않은 일입니다. 하지만 오늘 저 녁 이 집에서 큰일이 일어날 것입니다."

"큰일이라니요?"

"오늘 저녁에 제가 이 집에서 죽게 됩니다."

"뭐요? 죽게 되다니, 도대체 무슨 말인지 자세히 들어봅시다."

처녀는 신립에게 안으로 들도록 하고 저녁밥을 지어주었다. 신 립이 저녁 식사를 마치자 처녀는 그동안 집에서 일어난 일을 상세 히 말해주었다.

"저희 식구들은 모두 밤마다 나타나는 귀신에게 잡혀 죽었답니 다. 일 년 전부터 한밤중에 머리 여러 개 달린 귀신들이 나타나 가 족들을 하나씩 잡아갔지요. 오늘은 바로 그 귀신들이 저를 잡으러 오는 날이랍니다."

신립은 그 말을 듣자 갑자기 힘이 불끈 솟았다.

"저런 몹쓸 귀신들이 있나? 그대는 너무 걱정하지 마시오. 오늘 밤 내가 이 집에서 머물다가 그 귀신들이 나타나면 요절을 내버릴 테니까!"

원래 신립은 담력이 강하여 귀신 따위를 두려워하지 않았다. 신립은 처녀를 병풍 뒤에 숨기고 방 한가운데 우뚝 앉아 귀신들을 기다렸다.

어느덧 사위가 캄캄해졌고 과연 천지를 뒤흔드는 요란한 소리와 함께 귀신 무리가 나타났다. 귀신들은 거침없이 방문을 열고 들어와 처녀를 잡아가려고 했다. 그런데 귀신들 중 하나가 신립의 얼굴을 알아보고 넙죽 절하며 말했다.

"아니, 신립 장군께서 여기에 웬일이십니까?"

신립은 귀신들에게 벼락같이 소리쳤다.

"이 몹쓸 것들 같으니! 세상에서 사람의 목숨보다 중한 것이 없거늘 어찌 요귀 따위들이 사람의 목숨을 노리느냐? 어서 썩 물러가지 못할까!"

신립의 호통에 귀신들은 꼬리를 내리고 줄행랑을 쳤다. 귀신들이 물러가자 신립은 병풍 뒤로 가서 처녀를 안고 나왔다. 그녀는 이미 정신을 잃은 상태였다. 신립은 그녀가 깨어날 때까지 밤새 간호를 해주었다.

이튿날, 정신을 차린 처녀에게 신립은 되찾은 초립을 쓴 채 작별 인사를 건넸다. 그러자 처녀가 간곡하게 말했다.

"저는 장군과 하룻밤을 지낸 몸입니다. 이제 저는 장군의 몸이니 저도 함께 데려가주십시오."

하지만 신립은 그녀를 데려갈 수 없다며 완강하게 거절했다. 신립이 겨우 그녀를 떼어놓고 집을 나선 뒤 조금 걷다 보니 갑자기 그 집에서 불이 치솟았다. 처녀가 부르는 소리에 뒤를 돌아보니 그녀는 지붕 위로 올라가 스스로 불길 속으로 몸을 던졌다.

그 뒤 신립은 무과에 급제하여 전장을 누비며 공을 세웠다.

임진왜란이 일어나자 선조는 신립을 삼도도순변사三道都巡邊使에 봉했다. 하지만 이미 왜군은 기세등등하게 북진을 계속하고 있는 중이어서 그들을 맞아 싸우기에는 역부족이었다. 신립은 어떻게든 왜군을 막으려고 급히 군사를 모았으나 그들은 훈련되지 않은 오합지졸에 불과하여 마음먹은 대로 싸울 수 없었다.

마침내 신립은 충주 탄금대彈琴臺까지 밀려와 그곳에 진영을 구축하고 작전 회의를 열었다. 휘하의 장군들은 몰려오는 왜군을 맞아 산악전을 펼칠 것을 주장했다. 그런데 그날 밤 신립은 지난날 만났던 처녀를 꿈에서 만났다. 처녀는 꿈속에서 이렇게 말했다.

"지금 장군의 군사들은 오합지졸이나 다름없는데, 어떻게 그 힘든 산악전을 펼치려 하십니까? 그리되면 병사들은 제 목숨을 부지하기 위해 뿔뿔이 흩어지고 말 것입니다. 그러니 탄금대에 배수진背水陣을 치고 싸우도록 하세요. 그리되면 병사들도 어쩔 수 없이 죽을 각오로 싸울 것입니다."

꿈에서 깨어난 신립은 처녀의 말에 일리가 있다고 생각했다.

날이 밝자 신립은 병사들을 모아 그녀의 말대로 탄금대에 배수진을 치고 왜병을 기다렸다. 그러나 결국 싸움이 벌어지자 힘없이 무너지고 말았다. 신립은 패전의 치욕을 참지 못해 강물에 투신하여 자결했다.

후세 사람들은 탄금대에서 신립 장군이 패전한 까닭에 대해, 지난날 처녀의 간청을 받아들이지 않아 그 혼령이 꿈에 나타나 앙갚음을 한 것이라고 말했다.

나무가 된
노부부

七

제우스가 인간들의 심성이 어떠한지를 알아보기 위해 그의 아들 헤르메스와 함께 프리지아 지방으로 내려왔다. 그들은 누추한 행색의 인간으로 변장하고 여러 집을 차례로 방문했다. 일부러 피로한 나그네처럼 이 집 저 집 다니며 하룻저녁만 쉬어가게 해달라고 부탁했으나, 사람들은 거지 행색을 한 그들을 받아주지 않았다.

그들은 마지막으로 외딴 곳에 있는 오두막집을 찾아갔다. 그 집에는 바우키스라는 노파와 남편 필레몬이 살고 있었다. 그들은 가난을 부끄럽게 여기지 않고 성실한 마음으로 살아가는 부부였다.

하늘에서 방문한 두 나그네가 그 집으로 들어왔을 때, 필레몬은 가랑잎을 긁어와 불을 피워주며 잠자리를 만들었다. 또한 바우키스는 소박하기는 하나 정성껏 음식을 만들었다. 노부부는 이런 준비를 하고 있는 동안에도 여러 이야기를 건네며 손님들이 지루하지 않도록 배려해주었다.

모든 준비가 끝나자 노부부는 손님들을 식탁으로 안내했다. 김이 모락모락 나는 음식과 그리 오래된 것은 아니었으나 포도주도 곁들여 내놓았다.

그런데 그들이 식사를 하는 동안에 이상한 일이 벌어졌다. 포도주를 따르지도 않았는데 저절로 잔에 가득 채워지곤 하는 것이었다. 그것을 보는 순간 노부부는 이 손님들이 보통 사람이 아님을 눈치챘다.

"이런, 천상에서 내려오신 신이라는 사실을 모르고 무례하게 대접해드렸습니다. 저희 늙은이들을 용서해주십시오."

노부부는 무릎을 꿇고 진심으로 용서를 빌었다. 사실 이 집에는 거위 한 마리가 있었는데, 그들은 거위가 집을 지키는 신이라고 여기며 기르고 있었다. 노부부는 그것을 잡아서 손님에게 대접하려고 했다. 필레몬은 얼른 밖으로 나가 거위를 잡으려고 했으나 이리저리 도망을 다녀서 쉽게 잡을 수가 없었다. 제우스가 그 광경을 보더니 말했다.

"거위는 잡지 않아도 된다. 우리는 그저 인간들의 마음이 어떠한

가를 보러 왔을 뿐이다. 그런데 이 마을에는 너희 부부만 빼고 모두 야박한 사람들만 살고 있더구나. 우리는 이 마을 사람들에게 벌을 내릴 것이다. 그러나 너희들만은 벌을 면하게 해줄 테니 이 집을 떠나 우리와 함께 저 산꼭대기로 가자.”

노부부는 신의 말에 따라 지팡이를 손에 들고 언덕길을 올라갔다. 그들이 산꼭대기에 다다랐을 때 눈을 돌려 밑을 내려다보니 노부부의 집만 빼놓고는 마을이 온통 물에 잠겼다.

시간이 지나 물이 다 빠진 뒤 두 노인은 자기 집으로 돌아왔다. 그런데 그들의 초라한 오두막집은 궁궐처럼 바뀌어 있었다. 지붕을 인 짚은 금빛으로 번쩍이는 황금 지붕으로 변해 있었다. 제우스가 인자한 목소리로 노부부에게 말했다.

“너희들의 심성이 고와 내가 선물을 준 것이니 이제부터 이 집에서 살거라. 그리고 소원 한 가지를 들어줄 테니 말해보거라.”

필레몬은 바우키스와 잠시 상의를 한 뒤에 소원을 말했다.

“우리 부부가 오래도록 이 집을 지켰으면 좋겠습니다. 그리고 우리가 이 세상을 떠날 때는 함께 떠날 수 있도록 해주십시오. 저 혼자 살아남아 제 아내의 무덤을 쓸쓸하게 지켜보거나, 아내의 손으로 제 무덤을 파는 일이 없도록 해주십시오.”

아내와 같은 날 같은 시간에 죽게 해달라는 소원이었다. 제우스는 두 노인의 소원을 들어주었다.

그들은 오랫동안 궁궐 같은 집에서 행복하게 살았다. 그리고 세월이 흘러 이제 죽음을 예감하게 되었을 무렵, 노부부는 마당에 서서 다정하게 말을 주고받았다.

"당신 덕분에 참으로 오랜 시간 동안 행복한 나날을 보낼 수 있었소."

남편의 말에 아내가 말했다.

"저도 당신 덕분에 행복했어요."

이런 대화를 나누고 있는데 갑자기 바우키스가 남편을 보며 눈을 동그랗게 떴다.

"아니, 당신 몸에서 나뭇잎이 돋아나고 있어요."

필레몬 역시 아내의 몸을 보고는 놀라며 말했다.

"당신 몸에서도 나뭇잎이 돋아나고 있구려."

두 노인의 몸은 점점 나무처럼 변해갔다.

"드디어 우리의 소원이 이루어지고 있구려. 이제 그만 편히 쉬시구려. 사랑하오……."

"예, 저도 사랑해요. 편히 쉬세요……."

그 말을 마지막으로 동시에 나무껍질이 두 노인의 입을 덮어버렸다. 그들의 소원대로 같은 날, 같은 시간에 숨을 거두면서 나무로 변한 것이다.

오늘날 티니아 지방에는 참나무와 보리수가 서로 마주 보고 서 있는데, 이 나무가 바로 선량한 노부부의 몸이 바뀌어 생긴 것이라고 한다. 그리고 그 나무로부터 조금 떨어진 곳에는 늪이 있어 항상 새들이 찾아와 보금자리를 이루고 있다 한다.

전화위복이 된 방귀

八

일본의 어느 마을에 마음씨 착하고 일도 잘 거드는 처녀가 살고 있었다. 그녀는 외모도 그런대로 괜찮았지만 한 가지 단점이 있었는데, 그것은 방귀를 유달리 뀐다는 것이었다.

사람이라면 누구나 건강하다는 신호로써 방귀를 뀌는 것이어서 흠이 될 것은 없었지만, 그녀의 방귀는 보통 사람들과 달랐다. 그녀가 한 번 방귀를 뀌면 옆에 있던 물건들이 날아갈 정도로 위력이 대단했다. 그래서 그녀는 나이가 차도록 시집을 못 가고 있었다. 아니, 시집을 가더라도 곧 방귀 때문에 곧바로 쫓겨 오곤 했다.

그러던 어느 날, 마침내 그녀에게 또 한 번 청혼이 들어왔다. 멀리 떨어진 마을의 총각이 그녀의 방귀에 대한 내력을 모른 채 청

혼했던 것이다. 처녀의 어머니는 이번만큼은 딸을 꼭 시집보내야
겠다는 생각에 신신당부했다.

"얘야, 제발 이번에는 시집 식구들 앞에서 방귀를 참아야 한다.
너는 그것만 조심하면 시집가서도 잘 살 수 있을 테니 말이다."

"예, 어머니."

처녀는 자신도 이번만큼은 그렇게 하리라고 다짐하며 총각을
따라 시댁으로 들어갔다. 그녀는 시댁에서도 열심히 일해 남편은
물론 시댁 어른들에게도 귀여움을 받았다. 하지만 시간이 지날수
록 그녀의 얼굴색은 잿빛으로 변해갔다. 방귀를 참으려고 입술을
깨물고 허벅지 살을 꼬집다 보니 속에서 탈이 난 것이다. 하루는
시어머니가 걱정스럽게 물었다.

"얘야, 날이 갈수록 네 안색이 나빠지는구나. 어디 아픈 데라도
있니?"

하지만 그녀는 사실을 말할 수가 없었다. 지금까지 잘 참아왔는
데 이제 와서 다시 친정으로 쫓겨 갈 수는 없는 일이었다.

"어서 말을 해보렴. 도대체 왜 그런 거야?"

시어머니는 더욱 자상하게 물었다.

"설령 시집오기 전에 네가 몹쓸 병을 앓았다 해도 괜찮으니 얘기
하거라. 넌 이제 우리 집 식구잖니?"

이 말에 그녀의 마음이 흔들렸다.

"실은……."

그녀는 결국 자신의 방귀 내력을 이야기하고 말았다.

"그런 거라면 아무 문제도 아니잖니? 오히려 방귀가 안 나와서 걱정인 사람도 있는데, 아무 걱정하지 말고 이제부터는 마음대로 방귀를 뀌거라."

"하지만 어머니, 전 다른 사람들의 방귀하고는 다르답니다."

"괜찮다. 사람이 뀌는 방귀가 달라야 얼마나 다르다고 그러느냐?"

사정을 제대로 모르는 시어머니는 아무렇지도 않게 말했다.

"예, 그럼 어머니 말씀대로 하겠습니다. 그럼 지금 방귀 한 번 뀌어서 속을 풀어야겠네요. 어머니, 저쪽으로 가셔서 나무 기둥을 꼭 잡고 계세요."

"아니, 네가 방귀를 뀌는데 내가 왜 나무 기둥을 잡고 있어야 하니?"

"조금 뒤면 아실 테니 그렇게 해주세요."

시어머니는 그녀가 시키는 대로 나무 기둥을 부둥켜안았다. 그녀는 이내 그동안 참아왔던 방귀를 시원하게 한 번 뀌었다.

"뿌우웅!"

그러자 엄청난 일이 벌어졌다. 마당에 가마솥만 한 구덩이가 생기고, 기둥을 잡고 서 있던 시어머니는 방귀가 일으킨 바람에 밀려 마당 구석으로 날아가 이마가 깨지고 만 것이다. 시어머니는 깜짝 놀라 눈이 휘둥그레졌다. 그녀 또한 너무 놀라 얼른 시어머니에게 달려갔다.

"어머니, 괜찮으세요? 그러니까 기둥을 꽉 잡고 계시라고 한 건데, 큰일 났네."

그녀는 얼른 약과 붕대를 가져와 시어머니의 이마를 치료해주었다.

"어머니, 죄송합니다."

그녀는 눈물을 흘리며 용서를 구했다.

"아니다. 네 말을 가볍게 여긴 내 잘못이 더 크다. 그나저나 이 일을 네 남편이나 시아버님이 알면 큰일이니 절대 말하지 말거라."

시어머니는 큰 봉변을 당하고도 오히려 며느리 걱정을 해주었다. 그런데 저녁때 돌아온 남편이 어머니의 머리를 보고 그녀에게 물었다.

"어머니가 왜 머리를 다치신 거요? 어찌 된 일인지 솔직히 말하지 않으면 당신과는 끝이오."

뜻밖으로 남편은 강경했다. 그녀는 할 수 없이 낮에 있었던 일을 사실대로 말해주었다.

"세상에! 그럼 여태 남편을 속이면서 살아왔단 말이오? 나는 당신처럼 지저분하고 거짓말하는 여자와는 더 이상 살 수 없소. 내일 날이 밝는 대로 당신 집으로 돌아가시오."

그녀는 어떤 말도 할 수가 없었다. 지저분하고 거짓말쟁이라는 남편의 말이 모두 사실이기 때문이다.

이튿날, 날이 밝자 그녀는 말없이 짐을 꾸렸다. 전날 불같이 화를 내던 남편도 그 모습을 보자 애처로운 생각이 들었는지, 그래도 그동안 살을 섞은 정이 있으니 그녀의 집 앞까지만 배웅해주겠노라 말했다.

그녀는 보따리를 품에 안고 말없이 남편의 뒤를 따라갔다. 그런데 얼마쯤 가다 보니 큰 배나무 밑에서 아이들이 웅성거리고 있었다. 높은 가지 위에 걸린 배를 따려고 모여 있었던 것이다. 아이들의 말에 의하면 그 나무에서 열리는 배는 세상에서 가장 맛있는 배인데 너무 높아서 딸 수가 없다는 것이었다. 배나무 위를 쳐다보니 아이들 말대로 배가 너무 높이 달려 있어서 긴 막대를 들어도 닿지 않을 정도였다.

"오, 그래? 저 배가 그렇게 맛있단 말이지? 나도 저 배 맛을 좀 보고 싶구나."

그러자 아내가 나서서 말했다.

"정말 저 배가 먹고 싶으세요?"

"음, 세상에서 가장 맛있는 배라고 하잖소? 그러니 낸들 왜 먹고 싶지 않겠소?"

"그렇다면 잠시만 저쪽으로 물러나 계세요. 제가 저 배를 먹게 해드릴 테니까요. 너희들도 저쪽으로 물러가서 나무를 꼭 붙들고 있어라."

남편과 아이들이 물러서자 그녀는 배나무를 향해 엉덩이를 대고 힘차게 방귀를 뀌었다. 그랬더니 세찬 바람이 일어나면서 배나무 꼭대기에 매달려 있던 배가 와르르 떨어져 내렸다. 남편과 아이들은 일제히 배나무 밑으로 달려갔다. 남편은 배 하나를 덥석 주워 들더니 한 입 크게 베어 물었다.

"정말 시원하구나! 세계 제일의 맛이야!"

과연 기가 막힌 배 맛이었다. 그런데 그때 마침 이 고을 제후의 행차가 지나갔는데, 아이들이 모여 맛있게 배를 먹는 광경을 보고 마차를 멈췄다.

"저 아이들이 정신없이 배를 먹고 있는 걸 보니 맛이 썩 좋은 모양이구나. 나도 갑자기 배를 먹고 싶은 생각이 드니 가서 몇 개 얻어 오너라."

잠시 후 신하들이 얻어 온 배 맛을 본 제후는 어찌나 맛이 있는지 이렇게 명을 내렸다.

"참으로 이런 배 맛은 처음 보는구나. 그런데 저렇게 높이 달려 있는 배를 어떻게 땄는지 알아보고 오너라."

신하들은 아이들에게 연유를 물어, 어떤 이가 바람을 일으켜 배를 따게 되었다고 제후에게 전했다.

"바람을 일으켰다는 게 무슨 소리인지는 잘 모르겠지만, 아무튼 배를 딸 수만 있다면 매일 배를 따서 나한테 가져오라고 하거라. 물론 수고비는 후하게 준다 일러라."

신하가 다시 와서 제후의 말을 전하자 남편은 뛸 듯이 좋아했다.

"그럼 매일 많은 돈을 벌 수 있게 된 셈이 아닌가?"

"이것은 아까 것의 수고비요."

신하가 금화 한 냥을 건네자 남편은 입이 벌어졌다.

"여보, 다시 우리 집으로 갑시다. 세상에! 방귀가 쓸모 있을 때도 있었구먼, 하하하!"

남편은 그녀의 방귀 덕분에 돈을 벌 수 있게 되었다는 사실이 즐거운 듯 벌어진 입을 다물 줄 몰랐다.

그녀는 다시 시집에 가서 살게 되었다. 그녀도 자신의 방귀가 시집 식구들에게 도움이 된다는 사실에 기쁘기 그지없었다.

늙지 않는
인생의 보약

九

옛날, 늙는 것을 놓고 몹시 고민하는 한 젊은 사
내가 있었다. 그는 여러 방법으로 그 궁금증을 풀려고 했지만 도무
지 뾰족한 답을 얻을 수가 없었다. 사내는 그 답을 얻기 위해 이곳
저곳을 떠돌아다녔다.

하루는 어느 마을을 여행하다가 이마에 주름살이 많은 한 노인
을 발견했다.

'저 노인은 나이가 아주 많겠는걸. 저분이라면 내 궁금증을 풀어
줄지도 모르겠다.'

사내는 노인에게 다가가 자신이 궁금해하는 것을 물었다. 그랬
더니 노인은 의외의 답을 했다.

"젊은이, 미안하네. 나는 자네가 생각하는 것보다 인생을 덜 살았네. 그래서 답을 줄 수가 없구먼. 우리 둘째 형님은 나보다 오래 사셨으니 답을 일러줄지도 모르지. 한번 찾아가서 여쭤보게."

사내는 노인이 가르쳐준 둘째 형님의 집을 찾아갔다. 그런데 그 집에서 나온 사람은 방금 전에 만났던 노인보다 훨씬 젊었다.

"방금 어떤 노인 어른을 만나뵙고 찾아왔습니다만……."

사내는 자신이 찾아오게 된 경위를 말하자 둘째 형님이라는 노인이 말했다.

"나도 내 동생처럼 아직 인생 경험이 모자라서 자네의 궁금증을 풀어줄 수가 없겠네. 우리 큰형님을 찾아가보게."

사내는 다시 큰형님이라는 사람의 집으로 찾아갔다. 그런데 이번에는 앞서 만났던 두 노인보다 훨씬 젊은 사람이 사내를 맞이했다.

"어르신이 큰형님이신가요?"

"그렇다네, 내가 우리 형제들 중 제일 맏일세."

알 수 없는 일이었다. 그 노인 삼형제는 나이가 많을수록 더 젊었기 때문이다. 사내는 고개를 갸웃하며 큰형님이라는 노인에게 물었다.

"참 이상하군요. 저는 방금 두 아우 분들을 만나고 오는 길입니다만, 어떻게 형님이라는 분들이 더 젊으신가요?"

그러자 큰형님이 껄껄 웃으며 대답했다.

"허허, 그 이유를 설명하자면 좀 복잡한데…… 그럼 내가 행동으로 보여줄 테니 나를 따라오게."

큰형님은 사내를 안으로 들어오게 했다. 그러고는 자기 아내를 부르며 말했다.

"여보, 집에 손님이 오셨소. 잘 익은 수박 한 통만 내오시오."

그러자 큰형님의 부인은 재빨리 잘 익은 수박 한 덩이를 들고 나와 탁자 위에 공손히 올려놓았다. 부인이 칼로 수박을 자르려고 하자 큰형님이 점잖게 말했다.

"내가 보기에 이 수박은 설익은 것 같구려. 손님에게 그런 수박을 드린다면 예의가 아니니 다른 것으로 바꿔 오시오."

그러자 부인은 공손하게 대답하고 부엌으로 가더니 다시 수박 한 덩이를 들고 와 탁자 위에 살며시 놓았다.

"오호, 이번에도 수박이 설익은 것 같구려. 도대체 당신은 눈이 있소? 없소? 다시 바꿔 오시오."

그러기를 수십 차례 거듭한 끝에 비로소 큰형님은 부인에게 수박을 자르게 했다. 그럴 때까지 부인은 푸념 한마디 없이 남편의 말에 고분고분 따랐다.

그때 사내는 문득 이상한 점을 발견했다. 그 집에는 수박이 단 한 통밖에 없었던 것이다. 즉, 아내는 남편이 주문할 때마다 수박

한 통을 가지고 부엌과 거실 사이를 들락날락했던 것이었다.

부인이 잘라놓은 수박을 먹은 뒤 큰형님은 사내를 데리고 둘째 집으로 갔다. 둘째 아우는 형님이 오자 반갑게 맞이하며 아내를 불렀다.

"형님 어서 오세요. 여보, 형님이 오셨으니 잘 익은 수박 한 통을 내오시구려."

그러자 둘째 아우의 부인은 큰형님의 부인과는 달리 조금 퉁명스럽게 대꾸했다.

"알았으니 기다려요."

잠시 후 부인이 수박을 갖고 나오자 둘째가 퉁명스럽게 말했다.

"이 수박은 설익은 것 같으니 다른 수박을 내오구려."

부인은 그 말을 듣고 방금 전보다는 조금 더 퉁명스러워진 말투로 대꾸하며 다른 수박을 내왔다. 부인이 수박을 바꿔 오자 남편은 이번에도 설익었다며 다른 것으로 바꿔 오라고 주문했다. 그러기를 다섯 번 정도 거듭하자 부인은 더 못 참겠다는 듯 화를 냈다.

"아니, 사람을 왜 이렇게 힘들게 만들어요. 이제 우리 집에는 더 이상 다른 수박이 없으니 먹든지 말든지 마음대로 하세요."

부인은 그 말을 남기고 집을 나가버렸다. 사내는 일부러 부엌으로 들어가보았다. 그곳에는 수박 다섯 통이 있었다.

"자, 이제 우리 막내아우 집으로 가보세."

사내가 처음에 만난 그 노인의 집이었다. 막내아우 역시 둘째처럼 큰형님을 반갑게 맞이했다.

"목이 마르니 수박이나 한 통 먹어볼까?"

큰형님의 말에 막내 역시 부인에게 잘 익은 수박 한 통을 내오라고 말했다.

"알았어요."

막내의 부인은 아주 불쾌한 표정을 지으며 마지못해 수박 한 통을 들고 와 탁자에 던지다시피 내놓고 획 돌아섰다. 부인의 불손한 행동을 보자 막내아우는 버럭 신경질을 내며 아내에게 소리쳤다.

"아니, 당신 지금 뭐 하는 거야? 어디 형님 앞에서 그렇게 불손한 행동을 하는 거야?"

그러자 부인도 지지 않으려고 큰 소리로 대꾸했다.

"수박을 달라기에 준 것뿐인데 뭐가 잘못됐어요?"

"저 사람이 뭘 잘했다고 큰 소리야? 더구나 이 수박은 아직 익지도 않은 것 같으니 당장 다른 것으로 바꿔 와!"

막내아우가 더욱 큰 소리로 호통쳤지만 부인은 팔짱을 낀 채 손 하나 까딱하지 않았다.

"흥! 정 그렇다면 당신이 직접 갖다 먹어요. 싱싱한 수박이야 부엌에 얼마든지 쌓여 있으니까."

사내가 일어나서 그 집 부엌으로 가보았다. 그 집에는 방금 부인이 가지고 나온 수박보다 훨씬 싱싱한 수박이 가득 쌓여 있었다.

결국 사내와 큰형님은 수박을 한 조각도 얻어먹지 못한 채 막내아우의 집을 나왔다. 큰형님이 사내에게 물었다.

"이제 자네가 궁금하게 여기는 것에 대해 답을 구했나?"

"예, 조금은 알 것 같습니다."

"나는 지금까지 내가 왜 아우들보다 젊어 보이는지를 직접 보여주었네. 사람이 늙는다는 것은 결코 세월 탓만은 아닐세. 무슨 말인지 알겠나?"

사내는 가볍게 고개를 끄덕였다.

평생 얼마나 즐겁고 행복하게 사는가? 바로 이것이 사람을 늙지 않게 하는 인생의 보약 같은 것이었다.

長幼有序

장유유서

어른과 아이
사이에는
질서가
있어야 한다.

長
幼
有
序

序

　속담 '찬물도 위아래가 있다'는 장유유서의 의미를 잘 드러내
고 있다. 아랫사람이 윗사람을 공경하는 일은 일상생활에서의 당
연한 예절 규범이다. 이는 예로부터 사람 됨됨이를 가늠하는 척
도였다.

　윗사람을 공경한다는 것은 사회적 경험과 인생 연륜에서 비롯
된 지혜를 인정하고 받드는 일이다. 그래서 이러한 공경심恭敬心은
안으로는 효심으로, 밖으로는 바른 예절로써 강조되고 실천되어
왔다.

요컨대 장유유서는 여러 세대가 더불어 사는 사회에서 질서를 유지해주는 뿌리이자 상하 조화를 이루는 소중한 정신이다.

믿음의
힘

一

　　　　　옛날 어느 마을에 늙도록 벼슬하지 못한 노선비
가 살고 있었다. 그는 비록 벼슬 한자리 얻어본 적이 없지만 글 읽
기를 중단하지 않았다. 워낙 청렴한 탓에 늘 가난을 달고 살았으
나, 그런 생활에 불만을 가진 적은 없었다. 물론 노선비의 부인은
그렇지 않았다. 평생 비단옷 한 벌 입어보지 못한 부인은 매일 짜
증을 부렸다.

　"주야장천 베틀 앞에만 앉아 있다가 늙어버렸으니 이 무슨 허무
한 인생이란 말이오? 이제부터 당신 뒷바라지는 그만하고 나도 남
들처럼 쌀밥에 고깃국 실컷 먹으며 살아야겠소!"

　어느 날, 울컥 화가 치민 부인이 소리쳤다. 부인은 그에게 베 두

필을 주면서 말했다.

"시장에 나가서 이걸 팔아 쌀과 고기를 사 오시오!"

'나 때문에 평생 고생만 한 부인이 모처럼 한 부탁인데 거절할 수야 없지……'

장사라고는 한 번도 해보지 않은 그였지만, 용기를 내서 베를 짊어지고 집을 나섰다.

노선비는 시장으로 가는 도중 잠시 쉬기 위해 주막에 들렀다. 그때 웬 젊은이가 그에게 다가와 말했다.

"선비님, 장에 가십니까?"

"그렇다네. 이 베를 팔아서 고기와 쌀을 사려고 한다네."

"저는 거간꾼인데, 제가 보기에 선비님께서는 장사하실 분이 아닌 것 같군요. 제가 대신 그 베를 팔아 쌀과 고기를 사드릴까요?"

노인은 젊은이의 말을 곧이곧대로 믿고 베를 내주었다.

"이렇게 고마울 데가 있나. 그럼 미안하지만 부탁하네."

젊은이는 노선비의 허락이 떨어지기가 무섭게 베 두 필을 낚아채듯 빼앗아 들고는 사라졌다.

노선비는 너무 흐뭇했다. 요즘 세상에 윗사람의 수고를 덜어주려는 젊은이가 있다는 것만으로도 흡족하지 않을 수가 없었다. 그는 양손에 쌀과 고기를 들고 올 젊은이의 모습을 상상하며 주막에서 저녁 무렵까지 기다렸다.

하지만 젊은이는 끝내 돌아오지 않았다. 사실 젊은이는 못된 사기꾼이었다. 젊은이는 장에 가자마자 베를 팔아 돈을 챙긴 뒤 이미 도망간 뒤였다. 그러나 노선비는 그런 사실도 모른 채 주막에서 밤새 기다렸다.

'이 사람이 나 때문에 밤늦게까지 고생하는구먼…….'

이튿날 날이 밝아오자 기다리기를 포기하고 집으로 돌아갔다. 집에 와서도 노선비는 오히려 젊은이를 걱정했다.

'이 신세를 어찌 갚을꼬?'

한편 베를 두 필씩이나 갖고 나갔는데 빈손으로 돌아온 그를 보고 부인은 이만저만 속이 상한 게 아니었다. 부인은 그를 추궁한 끝에 자초지종을 다 듣고 어이가 없어 이렇게 말했다.

"정말이지 영감은 구제불능이구려. 사기꾼한테 당하고도 정신을 못 차리니 앞으로 내가 어떻게 영감을 믿고 살겠소?"

부인은 낙심천만이었다. 그러나 그는 그렇지 않았다. 단지 젊은이가 시간에 쫓겨 자기 베를 팔아주지 못한 것으로만 생각했다. 며칠이 지나도 그는 젊은이가 오지 않은 까닭을 그런 식으로만 생각했다. 애가 탄 부인이 그에게 말했다.

"영감, 베 두 필은 처음부터 없었던 것으로 칠 테니 그만 잊어버리시구려. 그러다가 영감 병나겠소."

그래도 그는 부인의 말이 귀에 들어오지 않았다.

'아직 앞날이 창창한 젊은 사람을 그런 식으로 몰아붙여서야 쓰나…….'

젊은이에 대한 그의 믿음은 변함이 없었다. 그날부터 그는 장이 열리는 날이면 빼놓지 않고 주막으로 나가 하루 종일 젊은이를 기다렸다.

그렇게 몇 달이 지났다. 여전히 노선비는 젊은이 걱정뿐이었다.

'나 때문에 젊은 사람이 너무 고생을 하는구먼. 베를 못 팔면 그냥 돌아올 것이지…….'

그러던 어느 장날, 젊은이가 우연히 그 주막을 지나가다가 자기를 기다리는 노선비를 발견했다. 젊은이는 너무 놀라 어찌할 바를 몰라 했다. 비록 노선비를 속였지만 마지막 남은 양심마저 저버릴 수는 없을 것 같았다. 젊은이는 노선비에게 다가가 말했다.

"선비님, 지금 여기서 뭐 하고 계십니까?"

젊은이가 나타나자 노선비는 너무 반가운 나머지 두 손을 꼭 붙잡았다.

"이 사람아, 왜 이제야 왔는가? 베를 못 팔면 그냥 올 것이지, 뭐 하러 여태까지 고생을 했어?"

그 말에 젊은이는 눈물을 흘리고 말았다.

"선비님, 죽을죄를 졌습니다."

"이 사람아, 죄는 무슨 죄를 졌다고 이러는가? 오히려 내가 미안하네. 팔리지도 않는 베를 자네에게 맡긴 내 잘못이 더 크네."

젊은이가 노인 앞에 쌀과 고기를 내놓으며 말했다.

"저는 이미 선비님의 베를 팔았습니다. 그런데 이제야 쌀과 고기를 내놓게 되었습니다. 제가 나쁜 마음을 먹었기 때문이었습니다. 용서하십시오."

노선비는 그제야 젊은이에게 자기 진심을 밝혔다.

"그래, 이제 됐네. 바로 그것일세. 나는 지금까지 자네의 솔직한 마음을 듣고 싶어 기다렸던 것일세. 그깟 쌀과 고기가 무슨 대수인가? 지금 자네의 그 말을 들었으니 쌀밥과 고기를 배불리 먹은 것이나 진배없네."

그 후 젊은이는 노선비 내외를 부모처럼 섬겼다. 노선비의 부인 또한 남편이 어리석다는 생각을 갖지 않게 되었음은 물론이다.

입술에 붙은
포주박

二

화창한 어느 날, 왕이 신하들을 거느리고 나들이
에 나섰다. 왕을 수행하는 신하들 중에는 나이 많은 노신은 물론
이제 갓 등용된 젊은 신하도 있었다. 날이 무더웠으므로 왕은 물론
신하들도 금세 갈증이 났다.

"시원한 냉수 한 사발을 들이켰으면 좋겠구나."

잠시 행차를 멈춘 왕이 신하들을 둘러보며 말했다. 그때 젊은 신
하가 나서서 아뢰었다.

"제가 얼른 가서 시원한 샘물을 찾아보겠습니다."

노신도 얼른 나섰다.

"저희 모두가 같이 찾아보겠나이다."

신하들은 여기저기 흩어져서 샘물을 찾으려 했으나 쉽게 눈에 띄지 않았다. 그들은 인근 산속 깊숙한 곳까지 들어가 찾기 시작했다. 한참을 헤맨 끝에 가장 나이 어린 신하가 돌 틈에서 졸졸 흘러나오는 샘물을 찾았다. 신하는 시원하게 흐르는 물을 보자 더욱 심한 갈증을 느꼈다. 그래서 얼른 표주박으로 물을 떠서 한 모금 마셨다. 그런데 표주박을 입에서 떼어내려는 데 이상한 일이 벌어졌다.

"아앗!"

그는 깜짝 놀라 비명을 지르고 말았다. 기이하게도 물을 떠 마신 표주박이 입술에 착 달라붙어 떨어지지 않는 것이었다. 힘을 강하게 주고 표주박을 잡아당겼지만, 힘을 주면 줄수록 입술의 통증만 강해질 뿐이었다. 그는 안절부절못하며 한동안 끙끙거리다가 표주박을 입술에 매단 채 산속에서 나와 다른 신하들에게 도움을 청했다.

"이게 대체 어찌 된 일인가?"

뜻밖의 기이한 모습을 본 노신들이 어리둥절한 표정으로 물었다. 그는 간신히 입술을 움직여 자초지종을 말해주었다. 그의 이야기를 다 듣고 나이 많은 노신이 질책하듯 말했다.

"찬물도 위아래가 있거늘, 자네는 제 앞가림부터 서둘렀기 때문에 이런 변을 당한 것이네."

그는 그 자리에 무릎 꿇고 앉아 눈물 흘리며 용서를 구했다. 눈물은 그의 뺨을 타고 흘러내려 입술에 붙어 있는 표주박을 적셨다. 그러자 신기하게도 입에 붙어 있던 표주박이 뚝 떨어졌다.

소녀와
북두칠성

三

러시아의 한 지방에 심한 가뭄이 들었다. 비 한 방울 내리지 않은 탓에, 땅은 쩍쩍 갈라지고 농작물은 모두 타들어가 앙상한 쭉정이만 남았다. 사람 짐승 할 것 없이 갈증으로 하나둘 죽어나가기 시작했다.

어느 날 밤이었다. 한 소녀가 나무 국자 하나를 든 채 마을을 헤매고 있었다.

"제발 물 한 모금만 먹었으면……."

소녀는 심하게 앓고 있는 어머니가 애타게 물을 찾자 어떻게든 물을 구하려고 국자 하나를 들고 무작정 집을 나선 것이었다.

하루 종일 물을 찾아 헤매던 소녀는 나무 밑에서 털썩 주저앉았다. 하늘을 올려다보니 별들이 총총히 떠 있었다. 피곤에 지친 소녀는 이내 잠이 들었다.

얼마나 잤을까. 눈을 뜬 소녀가 하늘을 올려다보았다. 하늘에는 여전히 별들이 반짝였고, 보름달도 곱게 떠 있었다. 소녀는 다시 물을 찾아 나서려고 국자를 집어 들었다. 그런데 어찌 된 일인지, 국자 안에 맑은 물이 하나 가득 고여 있었다. 깜짝 놀란 소녀는 저도 모르게 국자에 입을 가져갔다. 하지만 순간 어머니의 얼굴이 뇌리를 스쳤다.

"제발 물 한 모금만 먹었으면……."

국자에 담긴 물속에 어머니의 얼굴이 떠올랐다. 소녀는 물을 마실 수가 없었다.

"그래, 어머니부터 드시게 한 다음 남은 물을 마시자."

소녀는 국자에 담긴 물이 행여나 엎질러질까 봐 조심스럽게 일어났다. 그리고 천천히 집을 향해 걷기 시작했다. 하지만 얼마 못 가 돌부리에 걸려 넘어졌다. 그 바람에 국자를 놓치고 말았다.

"이를 어째……."

소녀의 실망은 이만저만이 아니었다. 국자는 저만치에 나동그라져 있었다.

"애써 구한 물인데 마셔보지도 못하고 엎질러버리다니……."

슬픔도 잠시, 소녀는 기를 쓰고 국자를 다시 집어 들었다. 순간 소녀는 눈이 휘둥그레졌다. 물이 한 방울도 쏟아지지 않고 국자에 고스란히 담겨 있었기 때문이다. 소녀는 눈물을 흘리며 신께 감사의 기도를 올렸다.

"정말 감사합니다. 이제 제 어머니는 살 수 있을 거예요."

소녀는 다시 국자를 두 손으로 조심스럽게 받쳐 들고 집으로 향했다. 얼마쯤 걸어가다 보니 이번에는 배가 등에 달라붙을 정도로 바싹 마른 강아지 한 마리가 소녀에게 다가왔다. 강아지는 소녀의 발밑에 이르자 힘없이 드러누웠다. 그러고는 간신히 고개를 들어 애처로운 눈빛으로 소녀를 쳐다보았다.

'저한테도 물 한 모금만 주세요, 제발……'

강아지의 애처로운 눈은 그렇게 말하는 것 같았다. 소녀는 강아지가 그대로 죽어가는 것을 볼 수 없어 국자의 물을 손바닥에 조금 받아서 강아지에게 먹여주었다. 그러자 강아지는 금세 기운을 차리고 벌떡 일어나 제 갈 길을 갔다.

소녀는 다시 집을 향해 걸었다. 소녀는 국자가 더 무거워진 것 같아 고개를 숙여 국자를 보았다. 또 이상한 일이 벌어졌다. 나무 국자가 은 국자로 바뀌어 있었던 것이다.

"자꾸 이상한 일이 벌어지네?"

소녀가 집에 도착하자 어머니는 너무 반가워 금방이라도 자리에서 일어날 것처럼 활짝 웃었다.

“어머니, 물을 구해 왔어요. 어서 드세요.”

“그래, 네가 고생이 많았겠구나. 고맙다.”

어머니는 눈물을 글썽이며 국자를 받아 물을 마셨다. 어머니는 어느 정도 갈증이 가시자 소녀에게 말했다.

“이제 물을 마셨으니 나는 지금 죽어도 여한이 없다. 너도 남은 물을 마시거라.”

어머니가 소녀에게 국자를 건네자 또 이상한 일이 일어났다. 은 국자가 다시 금 국자로 바뀐 것이다. 소녀와 어머니는 깜짝 놀랐다. 그런데 잠시 후 더 놀라운 일이 벌어졌다.

소녀는 아픈 어머니에게 한 모금의 물이라도 더 마시게 하려고 자신은 먹지 않고 어머니에게 권했다. 하지만 어머니는 이젠 됐다며 딸을 먹이려고 했다. 그렇게 두 모녀가 실랑이를 벌이고 있을 때, 갑자기 현관문이 열리면서 바짝 여윈 노인 한 사람이 들어왔다.

“지나가다가 듣자 하니 서로 물을 마시라고 권하는 것 같았는데, 진짜 이 집에 물이 있느냐?”

“예, 그렇습니다만…….”

소녀가 답하자 노인이 갑자기 슬픈 표정을 지으며 말했다.

“나는 앞으로 얼마 더 살 수 없는 몸이지만, 물 한 모금만 먹여줄 수 있겠니?”

소녀는 불쌍한 노인에게 국자를 건네주었다.

"오, 정말 물이로구나. 애야, 고맙다."

국자를 받아 든 노인은 그러나 물은 마시지 않았다. 그는 국자 안을 들여다보며 입가에 잔잔한 미소만 짓고 있었다.

"왜 물을 마시지 않으세요?"

"이리 와보거라. 여기를 한번 들여다보렴."

소녀가 다가가 노인이 들고 있는 국자 안을 들여다보자, 그 안에는 일곱 개의 다이아몬드가 마치 밤하늘의 별처럼 영롱하게 빛나고 있었다. 노인은 국자의 물을 마신 뒤 소녀에게 건네주었다. 그런데 국자 안의 물은 조금도 줄어들지 않았다. 소녀는 노인에게 영문을 물어보려고 고개를 들었지만 노인은 이미 사라지고 없었다. 순간 국자 안에 들어 있던 일곱 개의 다이아몬드도 동시에 튀어나

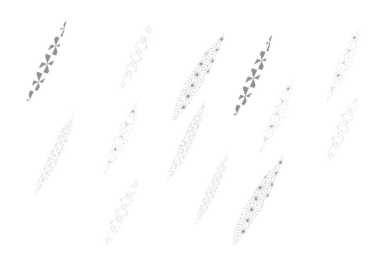

와 하늘로 올라가기 시작했다.

　소녀는 창가로 달려가서 하늘로 올라가는 일곱 개의 다이아몬드를 바라보았다. 잠시 후 그 다이아몬드들은 하늘에 박혀 별이 되었다. 북쪽 하늘에 박힌 일곱 개의 별은 국자 모양을 하고 있었다.

　아무리 마셔도 줄어들지 않는 국자의 물을 마시고 어머니는 마침내 자리를 털고 일어났다. 어머니뿐만 아니라 마을 사람들도 모두 그 물을 마시고 기운을 차렸다.

　하늘에 국자 모양의 별이 생긴 뒤, 드디어 고대하던 비가 내렸다. 이제 사람들은 국자 모양의 별에는 영원히 마르지 않는 물이 담겨져 있을 거라고 믿었다.

형제의
우애

四

중국 송*나라 때 우애 좋은 형제가 살았다. 어린 시절에 부모를 여읜 형제는 서로를 의지하며 어느덧 자수성가했다. 하지만 서서히 처지가 달라졌다. 동생은 부지런히 재물을 많이 모았으나, 형은 어느 정도 돈이 모이자 노름과 술로 방탕한 생활에 빠지고 말았다. 급기야 자기 재산을 모두 날린 형은 동생의 재산마저 건드렸다.

마음이 후덕한 동생은 형의 방탕한 생활이 못내 걱정스러웠다.

"형님, 이제 노름에서 손을 떼세요. 돈도 돈이지만 노름은 육체적으로도 해가 됩니다. 또 아이들 생각도 하셔야지요."

동생이 이렇게 간곡하게 청할 때마다 형은 오히려 화를 냈다.

"내가 돈 몇 푼 갖다 쓰는 게 그렇게도 아까우냐? 그 돈이 그렇게 아까우면 앞으로는 내 그냥 죽어지내마."

"아닙니다, 형님. 돈이 아까워서가 아니라 쓸데없는 데 돈이 낭비되고, 또 형님 몸이 축날까 봐 그러는 겁니다."

동생은 그동안 형과의 우애가 돈 때문에 금이 갈까 봐 걱정스럽게 말했다.

그 후 동생은 형이 트집을 잡는다는 사실을 알면서도 무던하게 10년 동안이나 함께 살며 돈을 대주었다. 마침내 동생의 재산도 거의 바닥이 날 지경에 이르렀다. 동생은 이제 결단할 때가 왔다고 생각했다.

'이대로 가다가는 다 거지가 되고 말 거야.'

어느 날, 동생은 형에게 찾아가 차마 하기 싫은 말을 쏟아냈다.

"형님, 우리가 이대로 가다가는 모두 거지가 될 겁니다. 잠시 나와 떨어져 사는 것이 어떻겠습니까?"

그 말을 듣자 형은 불같이 화를 냈다.

"오냐, 이제야 네가 본색을 드러내는구나. 그동안 그렇게도 내가 싫었는데 어떻게 같이 살았느냐? 좋다, 네 뜻대로 해주마."

이튿날 형은 짐을 챙겨 동생 집에서 나갔다. 그때 동생은 자기 재산의 반을 떼어주었다.

"형님, 이제부터라도 노름은 그만두시고 이 돈으로 땅을 사서 열심히 일하세요."

"아니, 이놈이 끝까지 귀찮게 간섭을 하는구나."

형은 집을 나가서도 노름에서 손을 떼지 못했다. 결국 1년도 채 되지 않아 형은 그 종잣돈마저 다 날리고 비렁뱅이 신세가 되고 말았다. 그러나 동생은 착실히 일을 해 재산을 배로 늘려놓았다.

거지꼴이 된 형은 차마 동생을 찾아갈 면목이 없었다. 형이 거지 신세가 되어 처자식과 함께 거리에 나앉았다는 소문을 들은 동생은 형을 찾아갔다.

"아우야, 진작 네 말을 들었어야 했는데…… 내가 어리석었다. 그러나 이제 후회한들 무슨 소용이 있겠느냐?"

형은 진심으로 뉘우쳤다. 동생은 형과 형수에게 공손히 절을 올린 뒤 말했다.

"형님, 저희 집으로 들어오세요. 저는 그동안 형님께 지금 하신 말씀을 듣고 싶었습니다. 진실로 과거의 잘못을 뉘우쳤다면 그것으로 저는 만족합니다. 그까짓 돈이야 다시 벌면 됩니다. 어려서부터 부모님 없이도 꿋꿋하게 살아왔던 우리 형제 아닙니까? 그 정신으로 다시 시작한다면 우리가 천하인들 얻지 못하겠습니까?"

"아우야."

형은 끝내 눈물을 흘리고 말았다.

그 뒤 형제는 나날이 재산을 불려 예전의 모습을 되찾았다. 사람들은 동생의 타고난 부지런함과 형을 위하는 갸륵한 마음을 본받고자, 자기 자식들에게 입이 닳도록 이 형제들의 이야기를 들려주었다고 한다.

인생에서 잃은
세 가지

五

공자孔子가 제자들을 거느리고 제濟나라로 가는
도중이었다. 잠시 쉬고 있는데, 누군가의 울음소리가 들려왔다.

"초상 당했을 때 우는 소리는 아닌 것 같은데……."

공자는 고개를 갸웃거리며 다시 길을 떠났다. 그런데 조금 가다
보니 절벽 끝에서 웬 사내가 한 손에는 낫을 들고 머리에는 새끼
로 띠를 맨 채 울고 있었다. 방금 전에 공자가 들었던 바로 그 울음
소리였다. 절벽 밑으로는 시퍼런 강물이 넘실거리고 있었다.

공자는 사내에게 천천히 다가가 물어보았다.

"당신은 뉘신데 이런 곳에서 혼자 울고 있소?"

"내 이름은 구오자丘吾子라고 하는데, 매우 중요한 세 가지를 잃

어버렸기 때문에 이렇게 울고 있는 것이라오."

"돈과 명예를 잃었소?"

"아니오. 그보다 더 중요한 것이오."

"그것이 무엇인지 들려줄 수 있겠소?"

공자가 말해주기를 청하자 사내는 잠시 하늘을 쳐다보더니 이내 입을 열었다.

"나는 어려서부터 배우기를 좋아하여 천하를 두루 돌아다니다가 다 커서야 집에 돌아갔었소. 그런데 집에 돌아가 보니 부모님이 모두 돌아가시고 안 계셨소. 이것이 내가 잃어버린 첫 번째 것이오."

"그럼 잃어버린 두 번째 것은 무엇이오?"

"성인이 된 뒤에는 제나라로 가서 그곳의 왕을 섬겼소. 그러나 그 왕은 너무 방만하여 위에는 늘 간신배들이 들끓었소. 결국 그 왕은 충직한 신하들을 모두 잃고 말았는데, 내가 좀 더 왕을 극진히 모시지 못해 그런 현상이 빚어졌으니 이는 신하의 도리를 다하지 못했기 때문이오. 이제 내가 두 번째로 잃어버린 것이오."

"마지막 것은 무엇이오?"

"나는 평소 친구와 교제하는 것을 즐겼소. 하지만 어찌 된 일인지 그 많던 친구가 모두 내 곁을 떠나고 말았소. 내가 벼슬을 잃었기 때문이 아닌가 싶소. 이것이 내가 세 번째로 잃어버린 것이오."

결국 친구를 잘못 사귀었다는 말이었다. 사내는 말을 마친 뒤 다시 한 번 하늘을 쳐다보면서 혼잣말처럼 중얼거렸다.

"저 하늘 위의 구름은 한곳에 가만히 머물고 싶어 해도 자꾸 바람이 불어오기 때문에 흘러가는 게 아니겠소? 그렇듯 자식은 부모를 봉양하고 싶어 하지만 부모가 기다려주지를 않는구려."

사내는 또다시 눈물을 흘렸다. 그러더니 한순간 벼랑 밑으로 몸을 던져 목숨을 끊었다. 순식간에 벌어진 일이었다. 공자는 침통한 표정으로 제자들을 돌아보며 말했다.

"모두 잘 보았느냐? 너희들도 저 사내가 한 말을 꼭 새겨듣도록 해라."

그 일이 있은 뒤 공자 문하의 제자 수십 명이 나갔다. 모두 자기 부모를 봉양하기 위해 떠난 것이다.

개로 환생한
어머니의 사랑

옛날에 아들에게 평생 효도 한번 받지 못하고 죽은 어머니가 있었다. 어머니가 죽자 그 아들은 매사에 되는 일이 하나도 없었다.

"제 어미한테 평생 불효만 저지르더니 그 벌을 받는 거야."

사람들은 그 불효막심한 아들이 계속 불행을 당해도 전혀 동정하지 않았다. 오히려 죗값을 받는 것이 당연하다고 여겼다. 한편 이 모습을 하늘에서 내려다본 어머니는 몹시 마음이 아팠다. 비록 불효를 저질렀지만, 그래도 핏줄인지라 어쩔 수 없었다. 어머니는 옥황상제에게 거짓말을 했다.

"제 아들은 평생 저를 위해 봉양한 착한 아이입니다. 부디 행운이 깃들게 살펴주소서."

하지만 옥황상제는 이미 모든 사실을 다 알고 있었다.

"이런 고얀…… 감히 나를 속이려 들다니!"

"아닙니다. 제 아들은 세상에 둘도 없는 효자입니다."

옥황상제의 꾸짖음에도 어머니는 아들을 두둔했다.

"흠…… 네 자식 사랑하는 마음이 갸륵하구나. 내 특별히 너를 다시 이승으로 보내줄 테니, 네 아들에게서 한 번도 받아보지 못한 효도를 마음껏 누려보고 오너라."

"예, 그게 정말입니까?"

"일단 저승에 온 몸이니 다시 사람으로는 갈 수 없다. 그러니 이 번에는 개로 환생하여 아들에게 가거라."

그리하여 어머니는 다시 개로 태어나 아들 집으로 돌아왔다. 아 들은 평소 집에서 암캐 한 마리를 기르고 있었는데, 이 개가 갑자 기 배가 부르더니 금세 새끼 한 마리를 낳았던 것이다. 어머니는 그렇게 아들 곁으로 가게 되었다. 아들은 기르던 암캐가 갑자기 새 끼를 낳자 어리둥절할 뿐이었다. 그의 부인도 그저 신기하다는 생 각뿐이었다.

"낳자마자 뛰어다니기까지 하니 예사로운 강아지는 아닌 것 같 군. 아무튼 잘 키워보자고."

아들 내외는 보통 강아지보다 더욱 신경을 쓰며 새끼를 돌봐주었다. 그래서 그런지 다른 강아지들보다 성장 속도가 빨랐다. 두어 달쯤 지나자 새끼 강아지는 이제 제 어미 몸집보다 더 크게 자랐다.

어느 여름날, 거나하게 취한 아들이 집에 들어와서는 한동안 개를 뚫어지게 쳐다보았다.

"이제 제법 통통하게 살이 올랐구나. 날도 덥고 하니 몸보신을 해두어야겠는데…… 저놈이 영물인 것 같아서 잡아먹기가 영 아깝긴 한데……."

그 말을 듣는 순간 개는 깜짝 놀랐다.

'아니, 저 애가 나를…….'

이튿날 아침, 아들은 밤새 고민하다가 개를 잡아먹기로 결정하고 방에서 나왔다. 그런데 어제저녁까지만 해도 마당에서 어슬렁거리던 개가 보이지 않았다. 집안은 물론 온 동네를 샅샅이 뒤졌지만 그림자도 볼 수가 없었다.

그 무렵 개는 이미 멀찌감치 달아나 있었다. 밤새 고개를 넘고 넘어 딸의 집으로 달려간 것이다. 딸은 새벽 일찍 밥을 지으려고 일어났다가 난데없이 나타난 개 한 마리를 보고 깜짝 놀랐다. 자세히 보니 친오빠 집에서 본 적이 있는 개였다. 워낙 먼 길을 달려온 탓에 개는 거의 초죽음이 되어 있었다.

"가여운 것, 오빠한테 구박을 맞고 쫓겨난 모양이구나. 쯧쯧!"

딸은 우선 개에게 먹을 것을 주고 마루 밑에다 자리를 깔아주었다. 개는 딸이 준 밥을 허겁지겁 먹고 이내 마루 밑으로 들어가 곤한 몸을 뉘었다.

아들도 하루 종일 잃어버린 개를 찾아다니다가 들어온 탓에 피곤을 이기지 못하고 초저녁부터 곯아떨어졌다. 그날 밤 아들은 꿈속에서 오래전에 돌아가신 아버지를 만났다.

"이런, 천하에 불효막심한 놈 같으니!"

꿈속에 나타난 아버지는 아들에게 벼락 같은 호통을 쳤다. 아들은 영문도 모른 채 벌벌 떨었다.

"이놈, 네가 사람이냐? 네 어미가 살아 있을 때는 불효만 하더니 이젠 아예 네 어미를 진짜로 잡아먹으려 들어? 너는 네 누이동생만도 못한 놈이다, 이놈아!"

아버지는 아들의 머리를 쥐어박았다.

"아야, 도대체 왜 이러시는 거예요, 아버님!"

아들은 화들짝 놀라 잠에서 깨어났다. 등에는 식은땀이 흥건했다.

'이게 무슨 꿈이지? 내가 어머니를 잡아먹으려 들었다고? 그럼 그 개가 어머니였단 말인데, 음……'

아들은 그 개가 태어날 때부터 지금까지 있었던 일을 곰곰이 생각해보았다. 태어날 때부터 이상했고, 태어나서도 보통 개들보다 빠르게 자란 점 등이 결코 예사롭지 않았다.

'맞았어. 내가 잡아먹는다는 말을 듣고 달아난 거야.'

아들은 날이 밝자 누이동생의 집으로 향했다. 꿈속에서 아버지가 누이동생만도 못하다고 한 말을 떠올렸던 것이다. 아들은 그제야 어머니께 불효한 것을 뉘우치고 이제부터라도 다시 살아온 어머니께 효도를 하리라 다짐했다. 누이동생의 집으로 달려온 아들은 집 안에 들어서자마자 어머니를 불렀다.

"어머니, 어디 계세요?"

집에 들어서자마자 돌아가신 어머니를 찾는 오라버니를 보자 누이동생은 놀라 물었다.

"오라버니, 갑자기 실성했어요? 돌아가신 어머니가 어디 있다고 찾는 거예요?"

아들은 누이에게 어젯밤 꿈 이야기를 들려주며 자초지종을 설명했다. 그러자 누이동생이 황급히 마루 밑으로 가 개를 끌어냈다. 아들은 개를 보자 큰절을 올린 뒤 눈물을 흘리며 참회했다.

"어머니, 모든 것을 다 알고 찾아왔습니다. 제 불효에 얼마나 한이 맺히셨으면 돌아가셔서도 눈을 못 감고 다시 이렇게 개로 태어나 돌아오셨습니까? 제가 잘못했습니다. 이제부터는 제가 진심으로 어머니께 효도하며 살겠습니다."

어머니도 아들의 말을 듣고 눈물을 글썽이며 아들의 손등을 핥아주었다.

아들은 그길로 어머니를 품에 안고 집으로 돌아와 안방에 자리를 마련했다. 그리고 매일 쌀밥에 고기 음식을 만들어 어머니께 바쳤다. 그뿐 아니라 몇 달 뒤부터는 어머니를 등에 업고 팔도 유람에 나섰다.

"어머, 저것 좀 봐! 개를 업고 다니네, 호호호!"

사람들은 개를 업고 다니는 아들을 손가락질하며 놀려댔지만 결코 유람을 멈추지 않았다. 아들에 대한 소문은 삽시간에 전국으로 퍼져 마침내 모르는 이가 없게 되었다.

"알고 보니 저 사람은 개로 환생한 어머니를 업고 다닌 거라는군."

그 소문은 궁궐까지 전해졌고, 그 효심에 감복한 궁에서는 그에게 상을 내렸다.

그렇게 3년 동안 아들은 어머니를 업고 팔도 유람을 계속했다. 그러던 어느 날, 전국을 순회하고 다시 고향 근처로 돌아와 하룻밤을 묵게 되었다. 날이 밝자 아들은 다시 길을 떠나려고 어머니를 찾았다. 그런데 어머니가 보이지 않았다. 이상하게 여겨 온 동네를 다 뒤진 끝에 어머니를 찾았다. 어머니는 아버지가 묻힌 산소 옆에 땅을 파고 들어가 있었다. 아들이 손을 넣어 꺼내려고 하니 이미 숨을 거둔 뒤였다. 아들은 슬피 울며 정성껏 어머니의 장례를 치렀다.

그 후, 아들은 하는 일마다 뜻대로 이루어지지 않는 일이 없었다. 이미 나라에서도 큰상을 내린 터라 아들은 금세 큰 부자가 되었다. 그는 사람들에게도 후한 인심을 베풀어 많은 이에게 존경받는 인물이 되었다. 이 모든 것은 어머니의 지극한 자식 사랑이 빚어낸 일이었다.

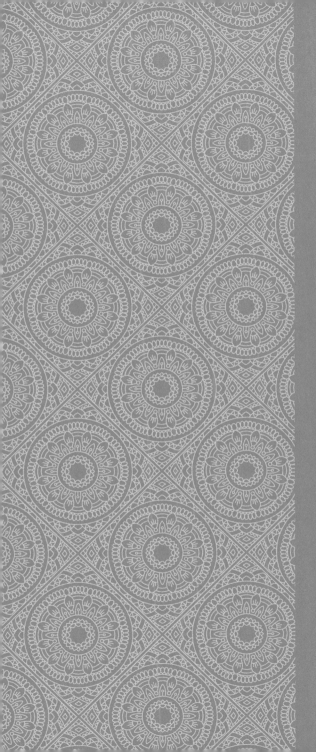

朋友有信

붕우유신

친구 사이에는
믿음이
있어야 한다.

朋
友
有
信

　예나 지금이나 신의信義가 없는 자는 사람들이 피하게 마련이다. 사람들은 여전히 친구와 선후배, 학교와 사회, 심지어 가족과 친척 사이에서의 신의를 대단히 중요한 덕목으로 여긴다.

　작은 이익 앞에서 비굴해지지 않는 것, 가식을 벗고 진실로 상대를 대하는 것, 남을 위해 내가 희생을 감수하는 것 등이 바로 신의의 전형이겠다.

　인생살이에서 신의는 가장 소중한 재산이다. 하지만 이를 잘 지키는 사람은 많지 않은 것 같다. 당장 눈앞에 닥친 작은 이익에 금방 눈이 멀고, 달콤한 유혹의 말 몇 마디에 쉽게 귀가 멀기 때문이다. 그러나 이는 곧 소탐대실小貪大失로 이어짐을 명심하자.

말하지 않아도
드러나는 진실

一

      중국 한漢나라 문제文帝 때 직불의直不疑라는 사람
이 있었다. 그는 노자老子의 학문을 배웠는데, 남에게 칭찬받는 일
자체를 좋아하지 않았다.

  직불의가 학당에서 수학하고 있을 때였다. 그는 쉬는 시간에도
다른 학우들처럼 함께 어울려 놀거나 자기 취미를 즐기는 법 없이
오로지 책하고만 지내곤 했다.

  어느 날, 학당에 도난 사건이 벌어졌다.

  "누가 내 금덩이를 훔쳐갔지? 나는 그것이 없으면 학업을 계속
할 수가 없는데, 대체 어느 놈 짓이야?"

  금을 잃어버린 친구는 얼굴이 상기된 채 길길이 날뛰었다. 그러

다가 갑자기 직불의에게 달려들어 멱살을 움켜쥐었다.

"네 놈이 가져갔지? 어쩐지 평소에 우리를 슬슬 피한다 했더니 도둑질하려고 그랬구나!"

직불의는 결백했지만 한마디 대꾸도 하지 않은 채 학당을 나왔다. 그는 곧장 시장으로 달려가 자기 돈으로 금덩이를 사다가 그 친구에게 주었다.

"흥, 역시 네놈이 한 짓이었어! 이번 한 번은 친구로서의 정을 생각해 넘어가지만 다음에 또 이런 일이 있으면 즉시 관가에 알릴 것이다. 못된 도둑놈 같으니……."

며칠이 지났다. 그 친구가 잃어버린 금덩이는 엉뚱한 곳에서 나왔다. 휴가를 맞아 고향에 간 친구가 보따리를 잘못 바꿔들고 갔는데, 돌아와서 주인에게 돌려준 것이었다. 직불의를 도둑으로 몰아세웠던 친구는 너무 창피해서 얼굴조차 들지 못했다. 이 사건으로 인해 직불의의 넓은 도량이 사람들에게 널리 알려졌다.

그의 도량은 급기야 문제의 귀에까지 들어가게 되었다. 문제는 직불의를 궁중으로 불러 벼슬을 주었다. 벼슬뿐만이 아니라 그를 가까이 불러 함께 의논하는 일이 잦아졌다. 그러다 보니 신하 가운데 직불의를 모함하는 자가 생겼다.

"신참내기가 감히 폐하 곁을 맴돌다니, 이대로 두고 볼 수 없는 일이야."

시간이 지날수록 직불위에 대한 시기심은 더욱 강해져 마침내 드러내놓고 그를 모함하기 시작했다.

하루는 문제가 모든 대신을 소집하여 조회를 열었다. 그 자리에는 물론 직불의도 참석했다. 조회가 진행되는 도중 직불의를 시기하는 한 신하가 나서서 모함했다.

"직불의는 잘생긴 외모와는 달리 속은 아주 엉큼한 자입니다. 대신 여러분, 저자는 형수와 간통한 사실이 있습니다. 사람의 탈을 쓰고 어찌 그런 무도한 짓을 저지를 수 있단 말입니까?"

직불의는 그 말에 아무 대꾸도 하지 않았다. 조회를 마치고 몇몇 대신이 직불의에게 찾아와 물었다.

"아까 그 말이 사실이오?"

그제야 직불의는 혼잣말로 중얼거렸다.

"허허, 나는 형이 없는데……."

머지않아 공개적으로 그 진실이 밝혀졌다. 그 일은 문제가 직불의를 더욱 총애하는 계기가 되었다.

정신력에 겨눈
총구

二

　　강력한 정부를 주장하며 군비 확장을 강행했던
독일의 철혈재상 비스마르크는 사냥을 무척 좋아했다. 빡빡한 일
정으로 얽힌 업무에서 벗어나 자연에 묻혀 숨 쉴 수 있다는 게 그
에게는 더없이 즐거운 일이었다.

　어느 날, 비스마르크가 사냥을 나갔는데, 그날은 평소 가까이 지
내던 친구와 동행하게 되었다. 그런데 어찌 된 일인지 그날따라 토
끼 한 마리도 잡히지 않았다.

　"정말 이상한 일이군. 이렇게 사냥 성적이 좋지 않은 적은 한 번
도 없었는데 말이야."

　비스마르크는 고개를 갸웃거리며 친구에게 말했다.

"오늘 내가 따라 나와서 그런가? 그렇다면 미안하게 됐네."

"그게 무슨 말인가? 절대 그렇지 않네. 자, 우리 힘을 내서 이번에는 저쪽 숲이 우거진 곳으로 가보세."

두 사람은 단 한 마리만이라도 잡아보려고 여기저기 헤맸다. 그러다가 시간이 흘러 그만 날이 저물고 말았다. 그들이 사냥하던 곳은 도처에 늪이 널려 있어 위험한 곳이었다.

"허허, 오늘은 운이 없는가 보군. 여긴 위험한 지역이니 다음에 다시 사냥하기로 하고 이제 그만 돌아가세."

비스마르크가 친구에게 돌아가자고 말하는 순간, 일이 벌어지고 말았다. 친구가 발을 헛디뎌 늪에 빠지고 만 것이다.

비스마르크는 재빨리 달려가 친구에게 엽총을 내밀었다. 하지만 친구는 이미 총대가 닿지 않는 거리까지 빨려 들어가고 있었다.

얼굴이 하얗게 질린 친구는 고함조차 제대로 지르지 못한 채 허우적거리기만 했다. 하지만 그럴수록 몸은 점점 늪 속으로 빨려 들어갔다.

"제발 나 좀 살려주게!"

친구는 처절하게 애원했지만, 비스마르크가 할 수 있는 일이란 발만 동동 구르는 것뿐이었다.

'이를 어쩐단 말인가……'

순간 비스마르크의 눈빛이 돌변했다. 그는 이내 엽총을 들어 친구의 머리를 겨누었다.

"여, 여보게! 이게 무슨 짓인가?"

친구는 깜짝 놀라 눈을 동그랗게 뜨며 소리쳤다.

"미안하게 됐네. 지금 이 상황에서 자네를 구하려고 무리하다 보면 나까지 늪에 빨려 들고 말 걸세. 나까지 죽을 수는 없는 일 아니겠나? 그렇다고 자네가 고통스럽게 죽어가는 모습은 차마 볼 수 없으니 차라리 내 총에 맞아 죽게."

비스마르크는 진짜 총을 쏠 것처럼 친구에게 총구를 겨누었다. 그러자 친구는 기겁을 하며 총구에서 비껴나려고 허우적거렸다. 비스마르크는 친구가 움직일 때마다 총구의 방향을 바꿔가며 그의 머리를 조준했다. 그럴 때마다 친구는 필사적으로 총구를 피해 달아났다. 그러는 사이 친구의 몸은 어느새 늪가 쪽으로 다가와 있었다.

"오, 이제 됐네! 여보게, 어서 이 총대를 움켜쥐게."

비스마르크는 얼른 친구에게 총대를 내밀었다. 마침내 친구는 간신히 총대를 잡고 늪에서 빠져나왔다.

"이 사람아. 나한테 어떻게 그럴 수가 있나? 나를 죽이려 들다니. 이제부터 자넨 내 친구가 아닐세."

친구는 비스마르크에게 모든 분노를 쏟아냈다. 그런 친구를 향해 비스마르크는 벙긋이 웃었다.

"오해하지 말게. 아까 내 총이 겨눈 것은 자네의 머리가 아니었네. 나는 자네의 정신력에다가 총구를 겨눈 것이라네."

저승길에 오른
두 친구

三

　　오랫동안 친구로 지내온 두 노인이 있었다. 그들
은 각자의 성을 따서 서로를 부를 때는 "박가야", "홍가야" 하며 친
근하게 부르곤 했다.

　세월이 흘러 두 노인은 모두 아내를 먼저 저승으로 보내고 자식
들 또한 출가시킨 뒤 독거했다. 그런 탓에 두 노인은 더욱 가까운
사이가 되었고, 나중에는 아예 한 집에서 같이 살기로 했다.

　"홍가야, 이렇게 함께 사니까 좋지?"

　박 노인이 말했다.

　"좋다마다. 하루 종일 심심하지도 않고, 또 서로 의지가 되니 얼
마나 좋으냐?"

홍 노인이 흐뭇한 표정으로 대꾸했다.

"우리 죽어서도 꼭 천당에 가서 다시 만나자."

"물론이지. 그런데 말이야, 내가 젊었을 때 들은 얘기가 하나 있는데, 돌을 물렁물렁해질 때까지 삶으면 천당에 간다고 하더라."

"오, 그래? 그럼 우리도 한번 해보자."

두 노인은 마당에 솥 두 개를 걸었다. 그리고 각자의 솥에 단단한 차돌을 하나씩 넣고 물을 부어 끓이기 시작했다.

"차돌이 무르려면 나무가 많이 필요하겠군. 박가야, 너는 여기서 불을 지피고 있어라. 나는 나무를 해올 테니."

박 노인은 홍 노인의 제안을 흔쾌히 받아들였다. 박 노인은 자기 솥과 친구의 솥을 부지런히 오가며 불을 살폈다. 물이 졸았다 싶으면 다시 물을 채우는 일도 잊지 않았다. 그러는 동안 홍 노인은 산에 올라가 열심히 땔감을 마련해 집으로 날랐다.

홍 노인은 땔감을 마련하려고 집과 산을 오가는 동안 진심으로 기원했다.

'친구의 솥 안에 있는 차돌이 먼저 무르도록 해주십시오.'

홍 노인은 친구에게 해줄 수 있는 마지막 선의를 베풀고자 그런 기도를 올렸다.

그런데 박 노인은 홍 노인과는 달리 갑자기 욕심이 생겼다. 그래서 자기 솥의 아궁이에 더 많은 나무를 집어넣어 화력을 세게 했다.

"이제 살날도 얼마 안 남았는데 친구 사정까지 다 봐주고 어떻게 천당엘 갈 수 있나. 미안하지만 천당에는 내가 먼저 가야겠다."

그렇게 며칠이 지났다.

"박가야, 정말 고맙다. 네가 그동안 불을 열심히 때줘서 내 돌이 흐물흐물하게 물렀구나. 네 돌은 어떻게 됐나 보자."

이상한 일이었다. 박 노인의 솥에 더 많은 불을 지폈는데도 정작 돌이 먼저 무른 것은 홍 노인의 것이었다.

"내 돌이 무르려면 아직도 먼 것 같다……."

박 노인은 속으로 이상히 여기며 얼버무렸다. 그러자 홍 노인은 미안한 마음이 들었다. 또한 자기에게 신경을 더 많이 써준 친구가 고맙기도 했다.

세월이 흘러 두 노인이 함께 저승길에 올랐다. 이제 그들은 천당과 지옥의 길에서 서로 갈라서게 될지도 모를 일이었다. 둘은 하늘나라의 커다란 문 앞에 이르렀다.

"저기 누가 서 있군."

박 노인이 가리킨 곳에는 웬 노인 하나가 백발을 휘날리며 문 앞에서 목탁을 두드리고 있었다. 두 사람이 백발 노인에게 다가가 물었다.

"여기서 뭐 하고 계신 거요?"

박 노인이 묻자 그는 한동안 말없이 뚫어지게 쳐다보기만 했다.

그러더니 뭔가 확신에 찬 듯 박 노인에게 자신이 지금까지 두드리고 있던 목탁을 건네주며 말했다.

"자, 이 목탁은 당신에게 전해주고 나는 이제 내 갈 길을 가야겠소."

박 노인은 엉겁결에 그가 건네주는 목탁을 받아들었다.

"아니, 도대체 무슨 일이오?"

그는 영문을 몰라 하는 박 노인에게 설명해주었다.

"생전에 남이 모르는 죄를 지은 사람은 이 문 안으로 들어갈 수조차 없다오. 그게 하늘나라의 관례라고 하오. 일단 남이 모르게 지은 죗값을 깨끗이 치른 다음에야 이 안으로 들어가 상제님의 심판을 받게 된다오. 그러니 당신은 다음 죄인이 나타날 때까지 여기 서서 하루 종일 목탁을 치며 반성하시오."

"아니, 노인장! 지금 무슨 말씀을 하시는 거요? 나는 누구보다도 내 친구에 대해 잘 아는데, 이 사람은 전혀 죄를 짓지 않았소."

홍 노인이 역성을 들고 나서자 그가 끌끌 혀를 찼다.

"쯧쯧, 모르는 소리 마시오. 저자에게는 분명 남몰래 지은 죄가 있소. 죄인들끼리는 서로 그것을 알아볼 수가 있지. 만약 당신이 죄를 짓지 않았다면 어디 한번 떳떳하게 말해보시오. 만약 거짓말을 했다가는 상제님의 심판을 받기도 전에 이 자리에서 벼락을 맞아 곧장 지옥으로 떨어질 것이오."

백발노인이 박 노인에게 따지듯이 말했으나, 그는 아무 대꾸도 하지 못했다.

"그럼 정말 자네가 나도 모르는 죄를 지었단 말인가? 나는 늘 자네 곁에 있지 않았나?"

박 노인은 아무 대꾸도 하지 못한 채 고개를 푹 숙였다.

"자, 우리는 어서 들어갑시다."

백발 노인이 홍 노인의 팔을 잡아끌며 재촉했다.

"모르긴 몰라도 저 양반은 당신의 그 착한 심성 때문에 나쁜 곳으로 가지는 않을 것 같소."

"예, 그게 정말이오?"

홍 노인은 그 말에 위안을 얻어 문 안으로 들어섰다.

몇 걸음 걷다 뒤를 돌아보니 박 노인이 눈을 지그시 감은 채 천천히 목탁을 두드리고 있었다. 그 소리에는 진심으로 자신의 잘못을 뉘우치는 마음이 담겨 있었다.

세종대왕과
양녕대군

세종대왕은 형인 양녕대군에게 늘 미안한 마음을 갖고 있었다. 관습대로라면 형이 임금 자리에 올라야 했지만 부왕 태종은 일찍이 세종의 그릇을 알아보고 후계자로 삼았던 것이다.

양녕 또한 동생이 자기보다 뛰어나다는 사실을 인정하여 큰 소란 없이 동생이 임금 자리에 앉도록 해주었다. 양녕은 동생에게 왕위를 물려주기 위해 일부러 미친 사람처럼 행동하기까지 했다. 세종은 그런 형에 대해 늘 고마움과 미안한 마음을 동시에 갖고 있었다.

세종이 왕위에 오른 뒤 양녕이 찾아와 말했다.

"전하, 제가 저 북쪽 지방으로 여행을 다녀오려고 합니다."

세종은 문득 스쳐가는 생각이 있어 형에게 말했다.

"예로부터 북쪽 지방에는 미색이 뛰어난 기생이 많다 하였습니다. 몸이 축나지 않도록 잘 다녀오십시오."

양녕은 관서 지방에 도착한 뒤 정주라는 고을에 이르렀다. 그런데 길에서 슬피 우는 한 여인과 마주쳤다. 여자를 좋아하는 양녕이 그것을 지나칠 리 없었다. 양녕은 여인에게 다가가 사연을 듣고, 가여운 생각이 들어 함께 하룻밤을 지새웠다.

이튿날 여인과 헤어지면서 시 한 수를 지어주었다.

며칠 뒤, 양녕이 유람을 마치고 한양으로 돌아왔다. 세종은 양녕을 위해 연회를 베풀었다. 여정의 피로를 풀어준다는 명목이었다. 연회가 무르익자 세종이 슬쩍 양녕에게 물었다.

"형님, 북쪽 지방으로 여행을 떠나시기 전에 저와 했던 약속은 지키셨겠지요?"

양녕은 속으로 뜨끔했지만 태연스레 대답했다.

"물론입니다. 전하의 분부를 잘 받들고 돌아왔습니다."

"하하하, 형님께서 약속을 잘 지켜주셨으니 오늘은 제가 아름다운 여인을 소개해드리지요. 어서 들라 하라."

세종이 명하자 갑자기 나직한 음악이 흐르면서 시를 읊는 여인의 음성이 들려왔다. 그런데 여인이 읊는 그 시는 바로 양녕 자신이 정주 땅에서 하룻밤을 보낸 여인에게 지어준 것이었다. 양녕은 깜짝 놀라 얼른 자리에서 일어나 세종 앞에 머리를 조아렸다.

"전하, 죽을죄를 지었습니다. 제가 감히 전하께 거짓말을 고했습니다. 어서 벌을 내리소서."

세종은 가만히 미소하며 양녕의 손을 잡아 일으켰다.

"아닙니다. 오히려 제가 형님을 속인걸요? 용서하세요. 하하하!"

사실 세종은 풍류를 좋아하는 형의 성품을 너무도 잘 알고 있었기 때문에 양녕이 여행을 떠날 무렵 사람을 시켜 뒤를 밟게 한 것이다. 그리고 관서 지방에 이르러서는 미리 그 지방의 관찰사를 시켜 참한 기생 하나를 데려다놓은 것이다. 그 후 세종은 그 기생을 양녕과 함께 살도록 해주었다.

이 기생과 양녕 사이에 얽힌 일화가 한 가지 더 있다.

그녀는 양녕과 얼마 동안 살다가 헤어지고, 나중에 혼자 살면서 아들을 낳았다. 아들의 이름을 짓는데, 왕족인 양녕의 성을 붙일 수 없는 형편이 되어 그냥 '고정정 高定正'이라 지었다.

그 아들은 점점 자라면서 아버지 양녕의 피를 닮아서인지 역시 미친 척하면서 세상을 살았다고 한다. 입맛도 까다로워 짜거나 쓴 것은 먹다가도 뱉었고, 고기 빛깔이 조금만 탁해도 바꿔 오라고 고함을 질렀다는 것이다. 그래서 세간에서는 이런 고정정을 보면서, 말을 하나 만들었다.

'고정정이 물건 바꾸듯 한다.'

아무런 하자가 없는 물건인데도 공연히 트집을 잡으며 바꿔달라고 할 때 이 말을 쓰곤 했다고 한다.

아기를 구한
족제비의 슬픈 죽음

五

옛날, 인도의 어느 마을에서 있었던 일이다.

그 지방에는 족제비를 애완동물로 기르는 풍습이 있었다. 그 마을의 한 여인이 임신을 했고 달이 차서 아이를 낳았다. 그런데 그와 때를 같이 해서 여인이 집에서 기르던 족제비도 새끼 한 마리를 낳았다. 어미 족제비는 새끼를 낳자마자 그만 죽고 말았다.

여인은 어미 잃은 족제비 새끼가 너무 가여워 자기 아이와 함께 키우기로 했다. 여인은 정성을 다해 아이와 족제비 새끼를 돌봐주었지만 한 가지 걱정이 있었다. 족제비가 아무리 애완동물이라고 해도 천성적으로 사나운 기질을 갖고 있는지라 아이를 해칠까 봐 신경이 거슬렸던 것이다.

어느 날, 여인은 마침 집에 먹을 물이 떨어져 항아리를 들고 물을 길러 가야 했다. 우물은 집에서 조금 떨어진 곳에 있었으므로 시간이 필요했다. 그때 아이는 침대에서 자고 있었으며, 족제비도 침대 밑에서 잠을 자고 있었다. 모두 자고 있으니 깨기 전에 빨리 다녀와야겠다고 생각한 여인은 서둘러 집을 나왔다.

여인이 나가고 얼마 지나지 않아 일이 벌어졌다. 커다란 구렁이 한 마리가 아이가 자고 있는 침대를 향해 기어오른 것이다. 족제비는 잠결에 본능적으로 적이 침입했음을 눈치챘다. 눈을 번쩍 뜨고 상대를 보니 자신이 상대하기에는 너무 컸다. 그래서 사람들에게 위험을 알리려고 마구 짖어댔다.

얼마나 오래 짖어댔을까. 그런데도 사람들은 아무도 오지 않았다. 족제비는 점점 다가오는 구렁이와 맞서기로 했다. 자기가 구렁이에게 잡혀먹히는 한이 있더라도 아이를 지키겠다는 각오를 다졌다.

족제비는 구렁이 앞을 가로막았다. 그러나 구렁이는 아랑곳하지 않고 점점 아이의 침대로 다가갔다. 이제 더 가까워진다면 아이가 위험해질 터였다. 족제비는 비호처럼 몸을 날려 구렁이의 목을 물고 늘어졌다. 구렁이는 족제비를 떼어내려고 큰 몸을 배배 꼬며 몸부림쳤다. 그럴수록 족제비는 턱에 더욱 힘을 주고 버텼다.

결국 구렁이는 족제비의 날카로운 이빨을 견디지 못하고 죽고 말았다. 족제비는 구렁이가 죽은 것을 확인하자마자 우물가로 달려갔다. 여인에게 빨리 이 상황을 알려야겠다고 생각했던 것이다.

그 무렵 여인은 물을 길어 집으로 오는 중이었다. 여인은 입가에 피를 묻힌 채 달려오는 족제비를 보고 가슴이 덜컥 내려앉았다.

"아니! 저놈이 결국 일을 저질렀구나. 역시 내가 짐승을 믿은 게 잘못이었어. 이런 배은망덕한 놈 같으니!"

여인은 족제비의 입가에 흐르는 피를 보고는 자기 아이를 물어 죽였다고 생각한 것이다. 여인은 아이가 죽었다는 생각을 하자 이성을 잃고 말았다. 앞뒤 가리지 않고 머리에 이고 온 물동이로 족제비를 내리쳤다. 족제비는 구렁이와 싸우느라 기운이 다 빠진 상태여서 그대로 항아리에 깔려 몸을 축 늘어뜨렸다.

여인은 황급히 집으로 달려갔다.

"우리 아기! 불쌍한 우리 아기……."

여인은 아이가 죽은 줄 알고 울부짖으며 침대로 달려갔다. 하지만 침대에서는 뜻밖의 상황이 펼쳐져 있었다. 아이는 아직도 새근새근 자고 있었던 것이다. 침대 밑에서 커다란 구렁이가 피를 흘리며 죽어 있는 것을 보자 여인은 비로소 어떻게 된 상황인지 알아차렸다. 여인은 다시 족제비가 있는 곳으로 달려갔다. 그러나 족제비는 이미 숨을 거둔 뒤였다.

모두가
사는 길

六

어느 집 돼지우리에 유난히 살찐 돼지 한 마리가
누워 자고 있었다. 이 돼지의 몸에 이 세 마리가 달라붙어 피를 빨
아먹었다. 그런데 시간이 조금 지나자 이 세 마리는 피를 빨아먹다
말고 서로 싸우기만 했다. 마침 돼지우리 옆을 지나가던 이 한 마
리가 서로 싸우고 있는 이들한테 물었다.

"아니, 좋은 먹을거리를 앞에 두고 왜 싸움만 하고 있어?"

싸움을 벌이던 이 세 마리 중 하나가 나서서 대답했다.

"우리는 지금 피를 빨아먹기 좋은 자리를 차지하려고 다투고 있
어. 내가 가장 먼저 와서 이 돼지의 피를 빨기 시작했으니 내가 제
일 좋은 곳을 차지해야 하는 거 아니야?"

다른 이 하나가 나서서 말했다.

"무슨 소리야? 나는 가장 늦게 와서 얼마 먹지 못했으니 내가 먹기 편한 곳을 차지해야지."

세 마리 이는 서로 지지 않으려고 악다구니를 쓰며 다퉜다. 그러자 지나가던 이가 말했다.

"참 딱한 일이다. 내가 알기론 저 돼지는 머지않아 제사에 바쳐질 거거든? 그럼 털이 불에 그슬려지고, 몸뚱이는 끓는 물에 담길 거지. 그런데 그것도 모르고 너희는 싸움만 하고 있어?"

"그게 정말이야?"

이 세 마리는 깜짝 놀라 입을 모아 되물었다.

"그러니 알아서들 해. 그럼 나는 이만 간다."

세 마리 이는 싸움을 그치고 서로 머리를 맞댔다.

"저 돼지가 정말 제사상에 오른다면 우리 먹을 건 그만큼 줄어드는 거잖아?"

"그래, 빨리 방법을 찾아야겠어. 어떻게 하면 좋을까?"

"옳지. 내게 좋은 방법이 있어."

"그게 뭔데?"

"우리도 돼지 피를 배불리 먹고, 돼지도 제사상에 오르지 않게 하는 방법이 있으니까 내가 시키는 대로 해."

한 마리 이가 다른 이들에게 은밀히 소곤댔다. 이윽고 세 마리

이는 서로 협력하여 돼지의 온몸을 돌아다니며 열심히 피를 빨았다. 배가 부르면 잠시 쉬었다가 다시 돼지에게 달려들었다.

세 마리 이는 이 일을 며칠 동안 쉬지 않고 계속했다. 이윽고 돼지는 점점 여위어가더니 예전의 그 살찐 모습을 찾아볼 수가 없게 되었다. 오히려 다른 돼지들보다도 더 말라 초췌하기가 이를 데 없었다.

마침내 제삿날이 되었다. 제물로 바칠 돼지를 잡으러 온 주인은 진즉 점찍어두었던 그 돼지를 보고는 눈이 휘둥그레졌다.

"아니, 며칠 사이에 왜 이렇게 말랐지? 이놈을 제물로 쓸 수는 없겠군."

주인은 다른 돼지를 잡아 제물로 바쳤다.

박쥐가 된
오만한 쥐

七

　　동작이 날쌔 날아다니는 참새도 잡아먹는 고양
이가 있었다. 고양이는 참새들이 땅으로 내려와 모이를 쪼아 먹을
라치면 매우 민첩하게 몸을 날려 날카로운 발톱으로 참새들을 낚
아채곤 했다.

　어느 날 참새를 잡아먹은 고양이는 너무 배가 부른 나머지 날개
두 개를 남겼다. 나중에 먹을 요량으로 말이다.

　"배도 채웠으니까 이제 잠이나 한번 늘어지게 자볼까."

　고양이가 마당에 납작 드러누우려는데 눈앞에 쥐 한 마리가 어
른거렸다. 쥐는 미처 고양이를 발견하지 못한 채 겁도 없이 고양이
앞으로 다가왔다.

'허허, 요놈 봐라? 겁도 없이!'

고양이는 재빨리 몸을 날려 쥐의 머리를 쥐어박았다. 쥐는 단번에 나가떨어져 정신을 잃고 말았다.

"고얀 놈, 감히 누구 앞을 으스대면서 지나가려고 했던 거야?"

고양이는 기절한 쥐도 참새 날개가 있는 곳에다 물어다 놓고 나중에 먹기로 했다. 그러고는 이내 단잠에 빠졌다.

한참 후, 기절했던 쥐가 정신을 차렸다. 쥐는 주변을 두리번거리다가 고양이가 잠들어 있는 것을 보고 깜짝 놀라 달아나려고 했다. 그런데 이상하게 평소보다 몸이 무겁게 느껴졌다.

'이상하군. 왜 몸이 마음대로 움직여지지 않는 거지?'

쥐는 고양이의 공격을 받았기 때문이라고 생각했다. 그러나 이유는 다른 데 있었다.

"어? 내 몸이 왜 이렇게 됐지?"

쥐의 등에 날개 두 개가 붙어 있었던 것이다. 그 날개는 바로 고양이가 나중에 먹으려고 밀쳐두었던 참새 날개였다. 자기 등에 달린 날개를 보자 쥐는 갑자기 우쭐해졌다.

"이건 분명 신이 나한테 능력을 내려주신 거야."

쥐는 힘차게 날갯짓을 해보았다. 그러자 신기하게도 몸이 둥둥 떠올랐다. 쥐는 더욱 우쭐해져서 소리쳤다.

"나는 이제 무서울 게 없다! 하하하!"

쥐는 이제부터 늘 어두운 곳에서 기어 다녀야만 하는 쥐들 세상으로 가지 않겠노라 다짐했다.

"나는 이제 쥐가 아니라 새가 된 거야. 그러니 마땅히 새들이 있는 곳으로 가서 살아야지."

쥐는 곧 참새들이 있는 곳으로 날아갔다. 그러나 참새들은 쥐를 보자마자 화들짝 놀랐다.

"괴물이다! 날개는 우리 것이랑 똑같은데 몸뚱이는 쥐처럼 생겼어. 빨리 피해라!"

참새들은 괴상하게 생긴 쥐를 보자 기겁을 하며 도망갔다. 쥐의 낙심은 이만저만이 아니었다.

"나도 저희처럼 날개를 가졌는데 왜 도망가는 거야? 이런 상황이라면 새들과는 어울려 살 수가 없지. 다시 쥐들이 있는 곳으로 가야 할 모양이다."

그래서 쥐는 다시 원래 자기가 살던 곳으로 날아갔다. 그러나 그곳에서도 마찬가지 상황이 벌어졌다.

"괴물이다! 몸뚱이는 우리랑 똑같지만 날개가 달렸어. 빨리 피해라!"

쥐들은 날개 달린 괴상한 쥐를 보자 허겁지겁 도망갔다.

"얘들아, 나야 나! 너희 친구라고. 오늘 아침까지만 해도 너희랑 함께 지냈잖아?"

하지만 쥐들은 그 말을 믿지 않았다.

"우리를 유인한 다음 잡아먹으려는 수작이야. 절대 저 괴물의 말을 믿어서는 안 돼. 어서 도망가자."

"아니야. 난 너희를 해치지 않을 거야. 난 너희 친구라니까!"

"흥, 누가 그 말을 믿을 줄 알고? 정말 네가 우리 친구라면 여기서 빨리 사라져. 그게 우리를 위하는 일이니까. 너 같은 괴물하고 어떻게 함께 살 수 있겠니?"

쥐는 더 이상 할 말을 잃었다. 입장을 바꿔놓고 생각해보니 그 말이 맞았다. 자기라도 이상하게 생긴 괴물과는 잠시도 함께 살 수 없을 것 같았다.

쥐는 할 수 없이 살 만한 곳을 찾아 나섰다. 하지만 어디에서도 괴물 형상을 한 자신을 받아주지 않았다. 산과 들을 헤매며 기거할 곳을 찾아 헤매던 쥐는 마침내 혼자 살기로 마음먹었다.

"내가 살 곳은 여기밖에 없구나."

그곳은 산중에 있는 동굴 안이었다. 동굴에는 아무도 살지 않았으므로 물러가라고 말하는 이도 없었다. 쥐는 하루 종일 동굴 안에서만 지내다가 밤이 되어서야 밖으로 나와 볼일을 보는 처량한 신세가 되었다.

세월이 흘러 그 쥐를 발견한 사람들은 그것에게 박쥐라는 이름을 붙여주었다.

웃음 속에
숨겨진 칼

八

전국 시대 때 진나라 혜문왕惠文王은 패왕霸王이 되고자 했으나 제나라와 초나라가 서로 동맹을 맺고 있어서 쉽게 뜻을 이룰 수 없었다.

하루는 조정에서 회의를 열었는데, 그 자리에서 대신들은 제나라와 초나라의 동맹을 놓고 여러 의견을 주고받았다.

"힘으로 뭉친 자들은 힘으로 눌러야 합니다. 무조건 공격해야 합니다."

선제공격을 가해 두 나라를 힘으로 제압하자는 의견이 지배적이었다. 그러나 전략참모인 장의張儀는 말없이 고개만 설레설레 흔들었다. 혜문왕은 장의의 그런 모습을 보고는 은밀히 불러 물었다.

"무슨 좋은 계략이라도 있는가?"

장의는 나직한 목소리로 자기 생각을 털어놓았다. 장의의 말이 끝나자 혜문왕은 비로소 웃음을 지었다.

이튿날, 장의는 혜문왕의 명을 받고 초나라로 갔다. 그는 우선 가지고 온 귀중한 예물을 초나라 회왕의 총신인 근상斳尙에게 바쳤다. 근상은 진나라가 자신을 후하게 대하는 것을 보고 매우 만족해했다.

그 덕분에 다음 날 장의는 근상의 안내로 회왕을 알현할 수가 있었다. 자신의 총신이 옆에서 부추기자 회왕 역시 믿음을 가지고 장의를 극진히 대접했다. 장의는 얼굴에 미소를 머금은 채 회왕에게 말했다.

"저희 왕께서는 진심으로 초나라와 교류하기를 바라십니다. 단지 한 가지 걸리는 게 있다면, 지금 대왕께서 제나라와 연맹을 맺고 있다는 점입니다. 만약 대왕께서 제나라와 절교를 하신다면 저희 진나라 땅 육백 리를 떼어주시겠다 하셨습니다."

"오, 그런가?"

회왕은 크게 기뻐하여 즉시 사람을 보내 제나라와 단교했다.

한편, 제나라에서는 이 소식을 듣고 크게 분노했다.

"초나라 회왕이 나를 배신했다고? 이런 쥐새끼 같은 놈!"

제나라 왕은 그 길로 진나라에 사신을 보내 서로 연맹을 맺어 초나라를 치자고 제의했다. 진나라 혜문왕은 이를 흔쾌히 받아들였다.

며칠 뒤, 초나라 사신이 약속한 토지를 받기 위해 진나라로 왔다. 그러나 장의가 갑자기 태도를 바꿔 발뺌했다.

"아니, 내가 언제 그런 말을 했소? 나는 육 리라고 했지 육백 리라고 한 적이 없소. 잘 생각해보시오. 그리고 우리가 초나라에 그렇게 많은 토지를 공짜로 줄 이유가 없지 않소?"

초나라 사신은 돌아와 회왕에게 사실 그대로를 낱낱이 보고했다. 회왕은 발을 구르며 노발대발했다.

회왕은 기어코 10만의 군사를 보내 진나라를 공격했다. 하지만 진나라는 이미 제나라와 동맹을 맺어 초나라의 공격을 대비하고 있었다. 결국 초나라는 앞뒤로 공격을 받아 대패하고 10만 대군 중 겨우 3만의 군사만 살아 돌아갔다. 또한 초나라는 600리의 토지를 얻기는커녕 오히려 자기 땅 일부를 진나라에 빼앗겼다.

전쟁에서 대패한 뒤 초나라 회왕은 땅을 치며 한탄했다.

"교활한 장의…… 그가 웃음 속에 칼을 물고 있었구나!"